Vom Singen und von anderen Dingen

Bernd Weikl

# Vom Singen und von anderen Dingen

*Ein Ratgeber für alle, die beruflich oder privat
mit einer klangvollen Stimme erfolgreicher sein wollen*

Diesem Buch liegt kostenlos eine von der Hochschule
für Musik und Theater Rostock wissenschaftlich erarbeitete
CD-Rom bei. Diese CD-Rom wird nur gemeinsam mit dem
Buch abgegeben.

ISBN 3-218-00643-0
Copyright © 1998 by Verlag Kremayr & Scheriau, Wien
Alle Rechte vorbehalten
Umschlaggestaltung: Kurt Rendl, Wien
unter Verwendung eines Fotos von Jürg Müller, Bern
Grafiken: Horst Thom, Wien
Notensatz: Karlhans Urbanek, Tauplitz
Diagramme Seite 76 und 77: Universitätsklinik Rostock,
Abteilung für Phoniatrie/Pädaudiologie, Rostock
Arrangement der Lieder auf Seite 111 bis 114: Dr. Christoph Dammann,
Neustrelitz
Satz: Zehetner Ges. m. b. H., Oberrohrbach
Druck und Bindung: Tiskarna Mladinska knjiga, Slowenien

# INHALTSVERZEICHNIS

| | |
|---|---:|
| VORWORT | 9 |
| *Über den Sinn der folgenden Ausführungen* | 10 |
| | |
| SINGEN, EIN NATÜRLICHES HEILMITTEL FÜR INDIVIDUUM UND GESELLSCHAFT | 12 |
| Singen subventioniert die Gesellschaft | 12 |
| Die physiologischen Grundlagen des Hörens und Singens | 15 |
| *Die Leistungen des Hirns* | 15 |
| *Vor dem Singen kommt das Hören* | 21 |
| *Hirn und Gehör* | 25 |
| Die Wirkungen von Musik auf den Menschen | 26 |
| *Musiktherapie in der Antike* | 26 |
| *Vom Mittelalter in die Jetztzeit* | 28 |
| *Die Kraft der Musik aus heutiger Sicht* | 29 |
| *Gibt es musiktherapeutische Möglichkeiten zur Heilung von Demenzen?* | 31 |
| Die natürlichste Therapie, der Gesang | 33 |
| *Was Gesangstherapie bewirken kann: ein wissenschaftlicher Versuch* | 33 |
| *Der Weg zum Altruismus* | 36 |
| Gesang als Teil des Menschen | 38 |
| *Musik erzieht* | 38 |
| Gesang und Kreativität | 42 |
| *Wie Kreativität entsteht* | 42 |
| *Vom Gesang über die Gesundheit zum Glück* | 45 |
| Die überzeugende Sprechstimme | 46 |
| Richtig atmen – besser leben | 48 |
| Grundlagen des Singens | 51 |
| Der Stimmklang als Informationsträger | 56 |
| Harmonie | 59 |
| | |
| SINGEN, THEORIE UND PRAXIS | 62 |
| Die Voraussetzungen | 62 |

| | |
|---|---|
| *Vom Sinn oder Unsinn des beruflichen Singens* | 62 |
| *Was man für den Sängerberuf braucht* | 65 |
| Artgerechtes Atmen und Singen | 66 |
| *Das richtige Atmen* | 66 |
| Das Training der wichtigen Muskulatur | 72 |
| *Obertöne und Formanten* | 73 |
| Die Entstehung eines Tones | 79 |
| *Ein Haus für laut und leise* | 79 |
| Die vollklingende Stimme | 82 |
| Stimmliche Fortschritte | 84 |
| Zurück zur Natur | 86 |
| Die Stimme aufbauen und erhalten | 88 |
| *Dem Sängerleben immanent: mangelhafte Information* | 90 |
| *Was die Gesangsarbeit erschwert* | 91 |
| Kultur als Bestandteil des Lebens | 93 |
| | |
| EINE EINFÜHRENDE GESANGSTUNDE | 96 |
| Wege nach „Rom" | 96 |
| Jetzt wird gesungen... | 97 |
| *Die Übungsstunde* | 98 |
| Der Operngesang | 115 |
| *Leicht- und Schwerathletik beim Gesang* | 115 |
| *Oper heute* | 117 |
| | |
| DIE LEISTUNGSVERWERTUNG | 120 |
| Erste Schritte in die Praxis | 120 |
| Orpheus und sein Agent | 123 |
| Vom Neinwort, das nicht existiert | 126 |
| Die fetten und die mageren Jahre | 129 |
| Erfolgsvoraussetzungen, soziale Positionierung und Marketing | 131 |
| Die persönliche Ausgangssituation | 137 |
| Der Umgang mit der eigenen Karriere | 139 |
| *Die Darbietung* | 141 |
| Die fünf entscheidenden Determinanten | 143 |
| *Künstlerbezogene Abhängigkeiten* | 144 |
| *Theaterbezogene Abhängigkeiten* | 144 |
| *Agenturbezogene Abhängigkeiten* | 145 |
| *Publikumsbezogene Abhängigkeiten* | 145 |

| | |
|---|---|
| *Medienbezogene Abhängigkeiten* | 147 |
| *Bekannt – berühmt* | 147 |
| *Arbeitsverhältnisse* | 148 |
| *Vertragsformen* | 150 |
| Von der Gefahr und Notwendigkeit, gegen den Strom zu schwimmen | 153 |
| *Vermarktungspolitik* | 153 |
| *Die Verintellektualisierung der Oper* | 155 |
| *Unbequemes* | 156 |
| Marketing und Timing | 157 |
| *Öffentlichkeitsarbeit* | 159 |
| *Empirisches* | 160 |
| Die Entwicklung einer Marketingkonzeption | 161 |
| *Alles hat seinen Preis* | 162 |
| *Grundsätze der Karriereplanung* | 163 |
| Steuerfragen | 165 |
| *Steuerprobleme* | 165 |
| *Werbungskosten* | 169 |
| | |
| KULTUR UND GESANG ODER (JUGEND-)KRIMINALITÄT? | 171 |
| | |
| LITERATURVERZEICHNIS | 179 |
| | |
| STICHWORTVERZEICHNIS | 185 |

# Vorwort

*„Gesang, Gesang und abermals Gesang, ihr Deutschen! Gesang ist nun einmal die Sprache, in der sich der Mensch musikalisch mitteilt, und wenn diese nicht ebenso selbständig gehalten und gebildet wird, wie jede andere kultivierte Sprache es sein soll, so wird man euch nicht verstehen . . ."*

Richard Wagner 1837 (in Guido Adler, Vorlesungen an der Universität Wien, 1904, S. 25)

Die biologische Evolution hat uns Menschen nicht sehr weit von unserem nächsten Verwandten, dem Schimpansen, entfernt. Achtundneunzig Prozent unserer Körperlichkeit sind es vermutlich, die wir mit ihm teilen. Was also ist es, was uns von ihm unterscheidet und uns erst menschlich macht?

Es ist die einzigartige kulturelle Evolution, die uns über alle anderen Geschöpfe dieser Erde hinaushebt: Wir selbst können den Zuwachs an Kultur bestimmen. Der unermeßliche Reichtum unserer möglichen Gefühle und der bewußte Umgang damit definieren menschliches Verhalten. Wobei wir die „besseren" Gefühle, die zu Altruismus, Liebe und Nächstenliebe führen können, über kulturelle, also hauptsächlich emotionale Bildung erwerben. Daher ist es auch ein Trugschluß anzunehmen, es müsse bei geistigem Hunger einzig der intellektuelle gestillt werden. Im Gegenteil, die emotionalen Bedürfnisse erhalten zu wenig Nahrung in unserer überaus „verkopften" Zeit, in der es nicht sehr „en vogue" ist, „tiefere" Gefühle zu haben, geschweige denn, sie zu zeigen.

<small>DIE KULTURELLE EVOLUTION</small>

Wie aber verhalten sich gefühl-volle Menschen zueinander? Sind sie nicht solidarischer und daher auch demokratischer als die exzessiven Vertreter des egoistischen Kapitalismus?

<small>GEFÜHL-VOLL</small>

Unser Gesang mit seinem nonverbalen melodischen Anteil ist ein mögliches Mittel, um positive Gefühle in uns zu etablieren, zu schulen und zu festigen. Die wenigsten unter uns singen heute noch, denn singen ist ja gar nicht modern. Auch haben wir ohnehin keine Zeit dafür. Der Kapitalismus singt – wenn überhaupt – nur professionell und daher merkantil ausgerichtet.

Man huldigt amplifiziertem Lärm, welcher Aggressionen provoziert. Das öffentliche Leben ist laut und unsensibel geworden. Wann kehren wir um?!

Gibt es tatsächlich Mittel, gefühl-voller zu werden? Eines der nächstliegenden, weil „hausgemacht", ist unser Gesang, unsere nahezu vergessene Arteigenheit, die von der Natur nicht ganz zufällig und daher zu nützlichen Zwecken erfunden wurde.

Wann fangen wir wieder damit an? Oder genügt uns der zusehends schwindende Wortschatz unserer Sprache noch zu vollendeter Kommunikation?

*Kehlkopf, Mund- und Rachenraum*

Die heutige Stimme des Menschen ist das phylogenetische Ergebnis einer Entwicklung über Jahrmillionen. Mit dem aufrechten Gang unserer Vorfahren senkte sich die Kehlkopfposition und damit auch der sich darin befindliche Kehldeckel mit seinem Schließmuskel. Er schützt die Atmungsorgane vor eindringender Nahrung oder störenden Fremdkörpern.

Mit dieser stetigen Vergrößerung des Mund- und Rachenraumes entstand ein Hohlraum, in welchem bei entsprechend willentlichem Anstoß die von den Stimmbändern (den Verschlußmuskeln des Ventils) im Kehlkopf produzierten Schwingungen in der Atemluft verstärkt werden können. Als Geräusche oder Töne vernehmen wir sie über unser Gehör.

*Alle Menschen sind Sänger*

Zu den Arteigenheiten des Menschen zählt also auch die Möglichkeit, Laute zu produzieren. Unter bestimmten, ebenfalls naturspezifischen Voraussetzungen entsteht daraus unser Gesang. Alle Menschen sind somit von Haus aus in der Regel – und in graduellen Abstufungen – zur Tonproduktion, zum Singen, befähigt. Zur Vervollkommnung unserer Art sollten wir lernen, mit unseren stimmlichen Möglichkeiten optimal umzugehen. Oder wollen wir einander am Ende nur noch sprach- und stimmlos über Computercomics im Internet von Liebe und Leidenschaft berichten?

### Über den Sinn der folgenden Ausführungen

*Wem dieses Buch zugedacht ist*

Dieses Buch ist primär für den *interessierten Amateur* geschrieben. Er wird durch seinen Gesang eine höhere Lebensqualität erreichen. Der Medizin soll diese Schrift Anstöße geben, sich intensiver mit unserem gesanglichen Melos zu beschäftigen, welcher Vorsorge und Therapie sein kann. Der hohen Politik möchte das Buch Argumente liefern, die es erleichtern, Ausga-

ben für künstlerische Bedürfnisse der Allgemeinheit gegen gesellschaftliche Widerstände durchzusetzen. Dort soll es auch Verständnis schaffen für die künstlerische Arbeit aller meiner Freunde und hochmotivierten Kollegen, den Sängerinnen und Sängern *der ganzen Welt*. Denjenigen, die es schon immer ahnten, soll es Bestätigung sein, und allen, die das Singen verteidigen, Argumente liefern. Grundsätzlich soll das Buch Wissen und Können bereichern und obendrein noch Freude bereiten.
Es ist jedoch keinesfalls als umfassend anzusehen, sondern primär als eine Art Aufforderung an jedermann gedacht, die menschliche Stimme nicht als atavistisches Organ zu betrachten, das man „links liegenlassen" kann. Durch Atemübungen, „Stimmtraining" und entsprechende Gymnastik soll der Leser eingeführt werden in die „Geheimnisse" der Singerei.

Und doch läßt sich das richtige Singen nicht im Selbststudium aneignen. Erfahrene Lehrkräfte mit „guten" Ohren geben Gesangstunden. Analog zum Sport bedarf es eines erfahrenen Trainers, will man Umwege vermeiden und hörbare Fortschritte erzielen. — LEARNING BY DOING

Das geschulte Singen und seine Bedeutung für Individuum und Gemeinschaft sind Inhalt der folgenden Seiten. Die Erhaltung oder Finanzierung von kulturellen Einrichtungen – hier des professionellen Gesangs als Teil unserer Kultur –, soll in der Folge als eine Bringschuld jeder Gesellschaft an sich selbst und daher als unbedingt förderungswürdig nachgewiesen werden. — DIE BRINGSCHULD

Die Sensibilisierung, d. h. Kultivierung des einzelnen und damit auch der Gemeinschaft rechtfertigt Ausgaben für kulturelle Einrichtungen. Sie sind eine Investition in einen friedvolleren, besseren, weil vollkommeneren Menschen und eine Präventivmaßnahme gegen die Verrohung unserer Gesellschaft. Globalisierung ohne Krieg kann nur auf altruistischen Gemeinschaften basieren. — KULTIVIERUNG IST INVESTITION

Das positive Ergebnis einer Studie an der Universitätsklinik in München weist nach, daß die belastenden Gefühle von psychosomatisch Kranken durch solistisches Singen unter Anleitung entscheidend dezimiert werden können. Die aus dieser Fallstudie gewonnenen Daten waren der eigentliche Ausgangspunkt für Überlegungen, die dazu führten, ein derartiges Buch in Angriff zu nehmen. — SINGEN IST AUCH THERAPIE

Ein überschaubares Marketing für den Profi in Sachen Opern- und Konzertgesang bildet dann den Abschluß dieser Schrift.

# Singen, ein natürliches Heilmittel für Individuum und Gesellschaft?

## *Singen subventioniert die Gesellschaft*

INVESTIEREN STATT SUBVENTIONIEREN

Gegen Anfang der achtziger Jahre hatte der deutsche Bundesinnenminister dem Druck der Medien und aufgeregten Teilen der Öffentlichkeit nachgegeben und das IFO-Institut für Wirtschaftsforschung in München damit beauftragt, eine Studie über die wirtschaftliche Rendite von staatlichen „Subventionen" an kulturelle Einrichtungen zu ermitteln. Dabei zeigte sich, daß diese Subventionen auf dem Wege über direkte Besteuerung und indirekte Einnahmen wie beispielsweise die sogenannte Umwegrentabilität zu etwa einhundertfünfzig Prozent an die staatliche „Gönnergemeinschaft" zurückflossen. Ein gutes Geschäft für die Republik. Vor allem die Festspielstädte waren eindeutige Beweise für die glänzende Amortisation von „Subventionsinvestitionen", leben doch die Hotellerie, viele Dienstleistungs- und Handwerkssparten, ja letztlich die ganze Region von den sprudelnden Ausgaben kunstbeflissener Kulturtouristen.

BILDUNG IST INVESTITION

Rein ökonomisch – und spaßeshalber? – könnte man über derlei Rechenexempel bezüglich der Amortisation von Ausgaben für kulturelle Einrichtungen nachdenken und ergo dann auch über eine betriebs- oder volkswirtschaftliche Kosten-Nutzen-Rechnung im Hinblick auf unsere Universitäten befinden. Sollten jedoch auch hier die zu versteuernden Studiengebühren als Einnahmen, die Professorengehälter als Ausgaben und die indirekte Abschöpfung über die Ausgaben der Lehrkräfte und Studenten für deren Lebenshaltung – vor Ort – kostendeckend sein müssen und den Betrieb aufrechterhalten, dann „ruhe sanft", wissenschaftliches Studium.

Bildungseinrichtungen können sich nicht unmittelbar, verglichen mit Herstellung und Absatz industrieller Güter, (kurzfristig) „rentieren". Sie sind (langfristige) Investitionen in eine funktionierende Gemeinschaft der Zukunft.

Ausgaben der Gesellschaft für die wissenschaftliche Erziehung jeder folgenden Generation sind jedoch in der Regel ein nicht ständig beanstandeter Kostenfaktor. Die gemeinschaftliche Finanzierung von kulturellen Bildungseinrichtungen für die frühzeitige Schulung der positiven Gefühlswelt und damit des für die Mitmenschlichkeit so wichtigen Altruismus unserer zukünftigen Steuerzahler wird dagegen häufig als elitär und daher überflüssig abgetan. Die Kultur sollte sich am besten und analog zur Industrie selber finanzieren – oder endlich „das Handtuch werfen".

KULTUR, WOZU?

Möglicherweise sind wir ja nicht so ganz gegen die teure Oper, das Schauspiel, gegen Konzerte, auch nicht gegen die Finanzierung von Museen; aber muß denn dies alles gleich so katastrophal für den Staatssäckel zu Buche schlagen? Mit *einem* vollen Prozent des Staatshaushalts?! Sollten wir dies nicht lieber privaten Sponsoren überlassen ... und das ganze soziale System dazu – ganz so wie vergleichsweise in den USA?
Besser nicht, denn hinderliches Mitspracherecht bei künstlerischen Auftragsproduktionen und im zweiten Fall eine unsoziale Klassengesellschaft sind das fatale Ergebnis aus dieser Praxis. Wollen wir dies auch noch als „Verbesserung" importieren?
Die Künste brauchen ihre Freiheit, um sich entfalten zu können. Diese Freiheit wird durch unser staatliches Modell weitgehend gewährleistet. Es bedarf jedoch auch verantwortungsbewußter Administration, um diese Freiheit „gewinnbringend" für die kulturelle Weiterbildung auszurichten und zu nutzen!
Einer Emnid-Studie zufolge sind neununddreißig Prozent der Befragten in Deutschland der Ansicht, daß die Gemeinschaft mit diesem einen Prozent der Ausgaben des Staatshaushalts für die Kultur immer noch viel zuviel (für sich selbst!) zu berappen habe und daher weiter streichen möge, um die Staatsfinanzen zu sanieren.

NUR EIN PROZENT DES STAATSHAUSHALTS

Also, nichts mehr für die Kultur und marsch: zurück auf die Bäume, wir Affen ..., denn, wie gesagt, achtundneunzig von hundert Anteilen unserer animalischen Existenz sollen uns mit dem Schimpansen verbinden ... Gewiß, man kolportiert dies über drei Ecken, aber ...
Nur zwei Prozentpunkte dürften uns so gesehen menschlich machen und ganz tierisch vom Affen unterscheiden, oder ...?

DIE DIFFERENZ ZWISCHEN AFFE UND MENSCH

Legen wir eigentlich noch Wert auf eine derartig geringfügige Differenz? Oder, was macht denn den Menschen aus, was ist

WAS IST MENSCHLICH?

das eigentlich: „menschliches Verhalten", und wieviel darf es uns kosten?

Das, was wir als typisch menschliches Verhalten begreifen, nämlich Fürsorge, Witz, Spaß an besonderen Formen der Kommunikation, zu denen letztlich auch die Künste, die Musik und unser Gesang zu zählen sind, sind in rudimentärer oder anderer, uns Menschen noch verschlossener Form auch bei Primaten zu finden. Es sei dabei an die geheimnisvollen Gesänge einzelner Wal- oder Delphinarten erinnert, die mit uns ein ähnlich komplexes Hirn teilen wie die Affen. Auch ist es nach bisherigem Erkenntnisstand sicher, daß mancher tierische Gesang nicht nur Balzritual, sondern auch Ausdruck von Gefühlsregungen sein kann.

Wie unterscheidet sich also das menschliche vom tierischen Verhalten? Wir können es bewußt und zugunsten „tieferer Gefühle", eines Altruismus, verändern, schulen und damit die weitere Evolution unserer Emotionen selbst bestimmen. Diesbezügliche Versuche werden auch an Tieren durchgeführt, sind aber als selbständige Prozesse auf freier Wildbahn unbekannt.

MENSCHLICHE BEDÜRFNISSE

Der russische Psychoanalytiker Maslow hat eine nach ihm benannte menschliche Bedürfnispyramide aufgestellt. Während

*Die Maslowsche Bedürfnispyramide ordnet die menschlichen Bedürfnisse in einer Hierarchie.*

unsere „schimpansigen" Basisnotwendigkeiten – wie die primitive Futtersuche, das Trinken, die Atmung, der Stuhlgang und die Fortpflanzung – am Fuße dieser Pyramide angeordnet sind, befinden sich unsere höchsten menschlichen Begierden – dazu gehören auch die Liebe und die Musik – als „transzendente" Bedürfnisse an ihrer obersten Spitze. Bleiben diese erhabensten Notwendigkeiten auf Dauer unbefriedigt, so werden wir am Ende krank, reagieren nicht selten unmenschlich und werden dabei in vielen Fällen primär von unseren belastenden Gefühlen beeinträchtigt.

Unser vegetatives oder autonomes Nervensystem reagiert auf unser Gefühlsleben und bestimmt es mit. „Mens sana in corpore sano" gilt hier im Umkehrschluß: Ein gesunder Geist ist auch die Voraussetzung für einen gesunden Körper. Unser emotionaler Bereich ist ganz wesentlich und mitentscheidend für unsere Gesundheit. Wenn ein störendes Gefühl anhält, also nicht verarbeitet wird, treten bei uns Veränderungen der Organfunktionen auf, besonders dort, wo wir direkt vom vegetativen Nervensystem abhängig sind. Dies ist der Fall bei unserer Haut, dem Herz-Kreislauf-System und ganz besonders bei der Atmung. Aus diesem Grund sind vegetative Beeinflussungen auch bei der Stimmgebung wahrnehmbar. Werden wir uns der Ursachen für unser Gefühlsleiden bewußt, können wir versuchen, therapeutische Gegenmaßnahmen zu treffen. Leider aber sind es für gewöhnlich die unbewußten Sorgen oder vielfach auch versteckten emotionalen Unstimmigkeiten, die uns zu schaffen machen und die wir trotz heftigsten Nachdenkens nicht erkennen und daher auch nicht selbst therapieren können.

STIMMUNGSSCHWANKUNGEN

## *Die physiologischen Grundlagen des Hörens und Singens*

### DIE LEISTUNGEN DES HIRNS

Der lange Evolutionsprozeß der Natur hat den Menschen mit einem besonderen Hirn ausgestattet. Es besteht im wesentlichen aus zwei Großhirnhälften, wobei diese schwerpunktmäßig verschiedene Denkaufgaben durchführen. Durch Operationen, durch Verletzungen und durch andere Erkrankungen, wie beispielsweise Entzündungen, können Schäden auftreten, die zu

DIE MENSCHLICHEN HIRNHÄLFTEN

spezifischen Leistungsminderungen führen. Eine Verletzung der linken Hirnhälfte kann sich etwa in einer Sprach-, Lese- oder Rechenstörung niederschlagen. Die Verarbeitung verbaler Gedächtnisinhalte kann ganz oder teilweise eingeschränkt werden. Auch das Stottern ist das Ergebnis einer Störung in der linken Hirnhemisphäre. Trotz schwerer Schädigung dieser linken Hirnhälfte sind Patienten aber bisweilen noch in der Lage zu singen.

Das kann damit zusammenhängen, daß beim Singen auf niedergelegte, also bereits „gesammelte" Gedächtnisinhalte zurückgegriffen werden kann, während bei der Spontansprache, die einen wesentlich komplexeren Prozeß darstellt, Wechselwirkungen mit dem Frontalhirn, welches die nächsten Schritte plant und anregt, unbedingt notwendig sind.

DIE RATIO IST „LINKS"

Etwas vereinfacht betrachtet, ist unsere linke Hirnhälfte für analytische Denkvorgänge zuständig. In ihr laufen zahlreiche Prozesse ab, die mit Kulturtechniken wie Rechnen, Schreiben und beispielsweise dem spontanen, laienhaften Hören von Musik ohne Worte verbunden sind.

Aus Fallstudien ist uns bekannt, daß die rechte Hirnhemisphäre eher mit dem übergeordneten Erfassen von Umweltprozessen assoziiert ist. Das heißt, wir erfahren hier Sinneseindrücke, ohne sie zu analysieren.

Die rechte Hirnhemisphäre verfügt nur über geringe Möglichkeiten der verbalen Verarbeitung. Im rechten Schläfenlappen sind Zentren lokalisiert, die sich mit räumlicher Wahrnehmung und Verarbeitung beschäftigen.

Imagination und Kreativität sind typische Merkmale sowohl des

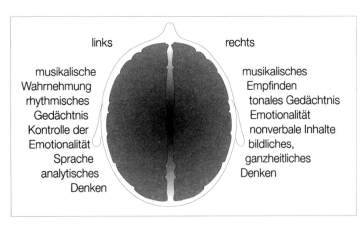

*Die Zuordnung verschiedener Denkvorgänge zu den beiden Großhirnhälften.*

rechten als auch des linken Frontalhirns. Allerdings, *zielgerichtetes kreatives Denken* und Problemlösen sind Domänen des *linken* Frontalhirns und sehr viel weniger der rechten Hirnhälfte!

ERKENNEN UND LOKALISIEREN VON HIRNLEISTUNGEN

In den letzten fünfzehn Jahren ist es immer mehr gelungen, einzelne Hirnleistungen als solche zu beschreiben. Diese Erforschung sogenannter kognitiver Prozesse hat vor mehr als hundert Jahren mit der Identifikation eines Sprachareals durch Paul Broca in unserer linken Hirnhemisphäre ihren wissenschaftlichen Anfang genommen.

Zwischenzeitlich sind zahlreiche Merkmale unserer Denkabläufe erkannt und können bestimmten Hirnregionen zugeordnet werden. Jeder Mensch besitzt ein individuelles Hirn, welches durch seine Anlage, insbesondere aber auch durch seine Entwicklung geprägt wird. Trotzdem lassen sich bei zahlreichen Menschen Übereinstimmungen in bezug auf die Lokalisation von Hirnfunktionszentren beobachten.

ZUR DARSTELLUNG VON HIRNFUNKTIONSAREALEN

Um Hirnfunktionsareale darzustellen, muß das entsprechende Individuum – das durchaus auch ein Schimpanse sein kann – eine bestimmte gedankliche Arbeit eine Zeitlang durchführen. Dies leitet zu einer Stoffwechselanreicherung jenes Hirnareals, welches mit der entsprechenden geistigen Aktivität korreliert

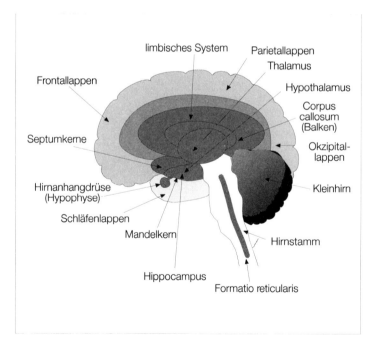

*Übersicht über die wichtigsten Hirnareale: Die Innenfläche der rechten Hirnhälfte durch die linke hindurch betrachtet.*

ist. Es gibt heute zahlreiche Verfahren, mit denen diese Stoffwechselanreicherung nachgewiesen werden kann.

(FÜR DEN BESONDERS INTERESSIERTEN: Eines der ältesten und heute noch anerkannten Verfahren ist die Positronenemissionstomographie. Dabei wird ein mit Antiteilchen des Elektrons [Positronen] markiertes Substrat wie beispielsweise Wasser oder Zucker in den Körper eingebracht. Dieses zerfällt dort in einer sehr kurzen Halbwertszeit. In einem entsprechenden Detektor können Orte herausgefunden werden, an denen die Zerfallsrate dieses Wassers oder Zuckers erhöht ist. Üblicherweise sind dies jene, die mit einer bestimmten Hirnfunktion in Zusammenhang stehen. Die gewonnenen Bilder werden dann anhand von falschfarbenkodierten Darstellungen des Hirns mit roten und blauen Feldern dargestellt.

Die funktionelle Kernspintomographie geht einen anderen Weg. Mit Hilfe von hochfrequenten und starken Magnetfeldern ist sie in der Lage, die magnetische Grundeigenschaft von bestimmten Substanzen zu messen. Durch erhöhten Stoffwechsel im Gewebe einer bestimmten Hirnregion ändern sich dort der Gehalt an Blutfarbstoff, der Säurewert des Gewebes und andere Merkmale. Die jeweilige magnetische Empfindlichkeit ist davon abhängig.

Neuere Verfahren sind sogar in der Lage, die zeitliche Abfolge von neuronalen Ereignissen mit hoher bildlicher Auflösung aufzuzeichnen. Hierzu gehören die Magnetoenzephalographie und die allgemein bekannte Elektroenzephalographie, die durch neue, computergestützte Auswertungsverfahren in der Lage ist, komplexere Hirnleistungen in unseren „grauen Zellen" zeitlich und örtlich darzustellen.)

Solche Verfahren ermöglichen die Erstellung einer entsprechenden „Hirnteil-Landkarte". Messungen im Ruhestand und bei anschließenden Denkaufgaben an denselben Personen können folglich verglichen werden.

Dank der Entwicklung moderner Verfahren in den vergangenen fünf Jahren ist es sogar möglich, elektrische Verarbeitungsvorgänge wie beispielsweise die Wahrnehmung von Lichtblitzen zeitlich auf ihrem Weg durch unser Hirn aufzuzeigen.

DIE VERARBEITUNG VON MUSIK

Beim Hören findet bereits im Hirnstamm mehrfach eine Kreuzung der Hörinformation zwischen den beiden Hirnhälften statt. Wir können daher davon ausgehen, daß beide Hirnrinden, links und rechts, weitgehend identische, also symmetrische Informationen über das Gehörte erhalten. Diese Tatsache ist mit ein Grund dafür, weshalb für die Untersuchung der Zuordnung von kognitiven Funktionen zu den jeweiligen Hirnhälften Musik und Gesang – also akustische Aufgaben – nur sehr ungern herangezogen werden.

Und doch haben kleinere Fallstudien ganz entscheidende Ergebnisse im Hinblick auf die Asymmetrie beim Hören erbracht. Wenn Musikprofis Klänge hören, wird primär ihre linke Hirnhälfte aktiviert, insbesondere dann, wenn sie damit auch eine analytische Absicht verbinden. Mit Hilfe der oben geschilderten Lokalisationsverfahren ist es gelungen zu zeigen, daß zum Beispiel Musiker mit absolutem Gehör zur Differenzierung von Tönen oder Tonfolgen in erster Linie den linken Schläfenlappen verwenden. Dies ist auch mit der Grund dafür, daß sich die zeitgenössische „E-Musik" eher dem Profi als dem Laien offenbart. Denn der Ungeübte, „Naturbelassene", genießt den ihm gebotenen Melos, den Gesang – wenn dieser emotional als ansprechend empfunden wird –, vorwiegend im rechten Schläfenlappen (siehe auch Grafik Seite 17).

Profis hören Melodien zwar besser mit dem rechten Ohr, aber analysieren sie linksfrontal. Wird aber die Musik ausschließlich durch das linke Ohr – über Kopfhörer – empfangen, so ist eine intensive rechtsfrontale Hirndurchblutung festzustellen.

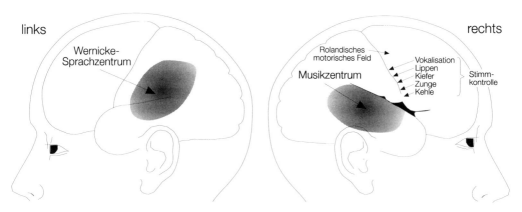

*Das Wernicke-Sprachzentrum hat seinen Sitz in unserem linken Hirn. Es ist unser „Spracharchiv".*
*Das „Musikzentrum" sitzt rechts. Dort sind Klänge „eingelagert". Im Rolandischen motorischen Feld verwalten wir den Gebrauch von Kehle, Zunge, Kiefer, Lippen sowie die Vokalbildung.*
*Interessant ist, daß es beim Erwachsenen grundsätzlich ein Zentrum für die Sprache im linken Hirn und beinahe deckungsgleich im rechten Hirn ein „Musikzentrum" gibt. Hier zeigt sich eine deutliche Asymmetrie (Linkshänder divergieren fallweise).*

FACHMANN UND LAIE

Musiker werden außerdem bei bewegter Musik (Johann Sebastian Bach) und bei Disharmonie stärker aktiviert als Nichtmusiker: hauptsächlich (und in der Unterscheidung zu den Laien) über die frontalen und temporalen Hirnregionen beiderseits, bei der Aktivierung durch Dissonanzen oder Lärm zusätzlich noch über andere laterale Bereiche. Fachleute zeigen bei längerem, aufmerksamem Hören von harmonischer Musik deutlich höhere Werte in der Durchblutung der vorderen, zentralen und hinteren Mittellinienbereiche des Hirns als Laien bei derselben Aufgabe.

Das bedeutet: Sogar das Hören von *spezieller* Musik innerviert *ganz bestimmte* Teile unseres Hirns. Da diese Areale jedoch auch noch für andere Denkprozesse zuständig sind, ist zu überlegen, ob die Aktivierung durch Gesang und Musik dank der Veränderungen bzw. Verstärkungen der entsprechenden Synapsentätigkeit (siehe Grafik unten) nicht auch eventuelle Blockaden für die anderen lokalen Denkprozesse eliminiert. Wir wissen dies noch nicht. Es steht also zur Diskussion . . .

Man spricht in diesem Zusammenhang zum Beispiel von Synapsenbildung oder -sprossung. Das heißt, Synapsen (Nervenzellknoten-Verbindungen) wachsen und docken an andere an. Wenn diese Verbindung zustande kommt, wird die gedankliche oder auch emotionale Information weitergeleitet, Glutamate sind dabei die chemischen Botenträger. Zur Bekämpfung von Parkinson bei jungen Menschen hat man mit sogenannten neuritenstimulierenden Präparaten, zum Beispiel mit Dopamin, Erfolge. Synapsen bauen sich dabei auf und vernetzen ein bestimmtes Hirnfeld, in welchem sich die entsprechende Blockade befindet. Krankhafte Zustände, von der Antriebsschwäche bis hin zur

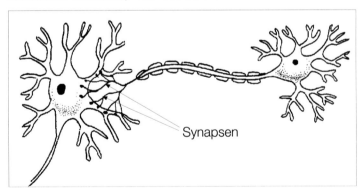

*Denkprozesse werden über synaptische Verbindungen bzw. Ankoppelungen weitertransportiert.*

Aggressivität, werden zwar auch im Hirnstamm, dem limbischen System oder in den Stammganglien lokalisiert, *vor allem jedoch dem Frontalhirn* zugeschrieben. Und dort erreicht uns auch der gesangliche Melos ... Könnte es sein, daß er diese Affekte beeinflußt?

## VOR DEM SINGEN KOMMT DAS HÖREN

„Das Musikhören ist nicht nur ein passives ‚Erleiden' von Schallwirkungen im Hörorgan, sondern vielmehr eine hochgradige Betätigung von logischen Funktionen des menschlichen Geistes", meint H. Riemann 1915 in seiner Lehre von den Tonvorstellungen. H. Petsche differenziert 1979 im wesentlichen drei Komponenten für die musikalische Wahrnehmung:
1. Die Impulsleitung der akustischen Sinneseindrücke vom Cortischen Organ (im Innenohr) zur Hirnrinde zum Zwecke der verarbeitenden Weiterleitung an das zentrale Nervensystem.
2. Den Vergleich der primären Sinneseindrücke mit bekannten, also bereits gespeicherten Merkmalstrukturen.
3. Aus den gespeicherten und neu hinzugekommenen Impulsmustern und der Auseinandersetzung mit der jeweiligen Persönlichkeit entsteht das individuelle Musik-Erleben.

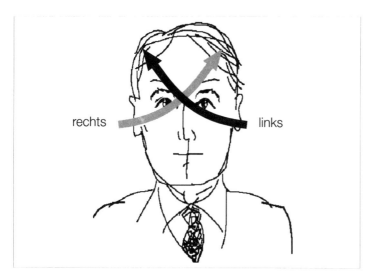

*Unbewußt hören wir intensiver über das* linke Ohr *zum* rechten Hirn *(in der Grafik schwarzer Pfeil). Vom rechten Ohr zum linken Hirn (grauer Pfeil) hören wir weniger intensiv.*

Die musikalische Rezeption ist also keinesfalls nur ein eindimensionaler Prozeß, sondern die Folge von Wahrnehmung und Vergleich mit vorhandenen Gedächtnisinhalten. Die Grundstimmung des jeweiligen Individuums ebenso wie die Umgebung und zusätzliche Sinneseindrücke bestimmen, was gehört wird. Deshalb ist das optimale Hören von Musik und Gesang auch von einer möglichst „neutralen" Stimmung der Person und Umgebung abhängig.

Zur *Kontrolle* des eigenen Gesanges müssen wir das *rechte Ohr* schulen. Dort kontrollieren wir unsere musikalischen Strukturen und Tonhöhen.

Gut hörende Menschen haben außerdem eine gute, aufrechte Körperhaltung. Und da ein möglichst perfektes „Ohr" auch für unsere Singerei unerläßlich ist, sind gute Sänger schon äußerlich an ihrer gesunden Körperhaltung zu erkennen.

VIEL ODER WENIG OBERTÖNE?

Unsere sogenannte klassische Musik und unser geschulter Gesang werden im wesentlichen durch obertonreiche und dadurch tragfähige Klänge bestimmt, im Gegensatz zum heutigen *Discorhythmus* mit seinen (stark verallgemeinert) hauptsächlich tieferen, amplifizierten Frequenzen.

Letzterer stimuliert die Motorik, auch die Sexualität und damit natürlich eine spezielle Variante unseres Allgemeinbefindens. Geistige Anregungen werden dabei vernachlässigt. Die tieferen, regelmäßigen Schwingungen des *Discosounds* fahren uns sichtlich ins Tanzbein, wohingegen die höheren – vorwiegend bei klassischer Musik – unsere Feinmotorik regeln oder aktivieren. Diese ist für unsere Kopfarbeit oder eben auch für das Erkennen störender Gefühle und deren Abbau notwendig.

KONSTANTER RHYTHMUS

Konstante Rhythmen werden über das nach oben verlängerte Rückgrat, die Formatio reticularis (siehe Grafik Seite 17) in unser Hirn geleitet und stimulieren dort den Muskeltonus. Musik mit unterschiedlichem Rhythmus und vorherrschendem Melos in differenzierter Dynamik bei spannungsreicher tonlicher Architektur kann uns durch die einzelnen Stadien der klassischen Gefühlswelt tragen. Auch diverse Drüsen in unserem Hirn, wie Thalamus, Hypothalamus und Hypophyse, registrieren solche Musik. Diese Drüsen schütten Hormone in unser Blut aus, die wiederum die Wirkungen anderer abschwächen oder verdrängen. Auf diese Weise ändern sich auch unsere Gefühle. Die folgende Darstellung eines Rads gibt eine Übersicht über einige einander diametral entgegengesetzte Gefühle.

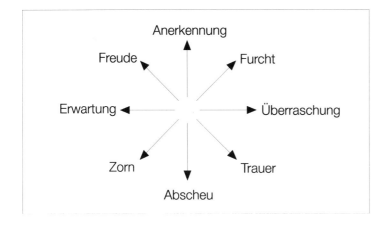

Daß es beim Hören immer auf die richtige Wellenlänge, die richtigen Frequenzen ankommt, läßt sich am Verhalten Neugeborener erkennen. Lange bevor sie lernen, verbale Mitteilungen zu verarbeiten, wenden sie sich körperlich sofort und ausschließlich der Stimme ihrer Mutter zu. Denn der Fötus hört bereits im Mutterleib, spätestens viereinhalb Monate vor seiner Geburt. Die spezielle Architektur der Musik von Mozart wird offensichtlich in den tiefen Schichten unseres Unterbewußtseins als heilsam registriert (siehe dazu auch Heitor Villa Lobos, Seite 148). Zigeuner singen auf dem Bauch der werdenden Mutter und vermitteln daher dem Ungeborenen bereits Ansätze von Musikalität.

Bei „harmonischer" Musik richten wir uns unwillkürlich auf, und bei schrillen Tönen, Dissonanz oder Lärm krümmen wir uns unwillkürlich zusammen.

Bei gekonntem „Hineinschlüpfen" in andere Sprachen ändern wir auch oft die Lautstärke oder Tonhöhe unserer Stimme, aber auch unseren Gestus und unsere äußere Erscheinung. Das Deutsche, Italienische oder Englische haben ihre jeweils spezifische Frequenzkurve. Auch das Gehör funktioniert in den verschiedenen Gegenden aufgrund der Sprachen und Dialekte ganz unterschiedlich. Beispiel: Die Engländer haben in der Sprache sehr viele „ti-eitsch-Laute". Daher ist ihr Gehör sehr fein darauf sensibilisiert. Im süddeutschen Raum sind die Vokale bis zu einem Drittel länger als im Norden. Das heißt: Die Ausgangsposition für das Singen ist optimal und ähnlich dem Italienischen. Das jeweilige Hörtraining führt auf Dauer zu einer bestimmten Hörgewohnheit. Gesangschüler sollten sich der

HARMONIE ODER LÄRM

SPRACHE UND REGIONALES HÖREN

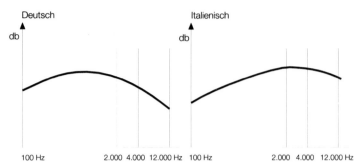

*Die Frequenzkurve der deutschen und italienischen Hörgewohnheit (nach Tomatis).*

Hörgewohnheit des italienischen Ohres annähern. Damit kommen sie auch in die Nähe des musikalischen Ohres. In den Musikhochschulen wird daher auch Gehörbildung unterrichtet.

Es gibt also auch ein „regionales" Hören, welches der jeweiligen Sprache oder dem Dialekt entspricht. Die Sehnsucht des Hörers nach mediterranen, obertonangereicherten Klängen ist dabei immer wieder auffallend. Vielleicht ist die Wirkung dieser Töne vergleichbar mit der Wirkung der Helligkeit des südländischen Sonnenlichts, welches für die in unserem Hirn funktionierenden „Transmitter" zuständig sein soll, depressive Gefühle lichtet und bei uns Wohlbefinden, Optimismus und damit eine positive Weltsicht erzeugt.

DAS HÖREN KOMMT VOR DEM SINGEN

Nicht von ungefähr werden beim Opern- und Konzertgesang die hohen Töne mit ihren hohen Frequenzen in teilweise lang ausgehaltenen Fermaten angeboten und dergestalt vom Publikum genossen. (Die „Bösen" im Stück sind deshalb meistens die Baritone oder Bässe – mit den „bescheideneren" Frequenzen ihrer dunklen bis tiefschwarzen Stimmen . . .)

Evolutionsgeschichtlich kam also das Hören lange vor dem Gesang. Bereits im halben Alter vor der Geburt des Kindes wird der Hörnerv „myelinisiert", das heißt mit einer schützenden Schicht ummantelt, und damit wird der Mensch zum Hören befähigt. Erst später organisieren sich bei uns Gesichts- und Tastsinn. Deshalb kommt auch bei einer fundierten Gesangsausbildung das Hören vor dem Singen, und der Gesang kann nur jeweils wiedergeben, was aus uns heraus will und damit vorher (bereits gehört) in uns sein muß.

ALLER ANFANG IST UNTERSCHIEDLICH

Sind alle Gesangsadepten diesbezüglich von Haus aus unterschiedlich in dem, was sie (an Gehörtem) in ihre erste Unterrichtsstunde mitbringen, so kann es daher bezüglich einer Ausbildung der Stimme auch keinen allgemeingültigen Ansatzpunkt geben. Und Menschen mit besten stimmlichen „Ausgangspositionen" singen oft falsch oder unmusikalisch, weil ihr Gehör nicht richtig gebildet ist. Dieser Engpaß wäre dann – falls möglich – als erstes in Form eines Gehörtrainings verbesserungswürdig...

## HIRN UND GEHÖR

Das bewußte Hören wird durch das Hirn gesteuert. Auf diese Weise sind wir auch in der Lage, selektiv wahrzunehmen, indem wir uns auf einen bestimmten Klang konzentrieren. (Autistisch Kranke schließen sich dabei teilweise völlig ab.) Oft wird daher die lästige Musikberieselung in Kaufhäusern, Restaurants, Fahrstühlen, auf Bahnhöfen und in sonstigen öffentlichen Einrichtungen von uns gar nicht mehr registriert. Diese fatale Desensibilisierung erfaßt dabei den ganzen Menschen, macht ihn unaufmerksam gegen sich selbst und seine Zeitgenossen oder auch gegen dringende sozialpolitische oder ökonomische Fragen der Gemeinschaft.

Long-time-potentiation (LTP) nennen es die Forscher, wenn wir die vielen langen Jahre benötigen, um vom „geborenen Sänger" zum optimalen Stimmbesitzer zu mutieren. Denn es gilt, das Langzeitgedächtnis durch viele gleichförmige Informationen aus dem Kurzzeitgedächtnis „umzupolen". Wir müssen also schlechte Angewohnheiten aus Kindertagen *verlernen* und uns neu programmieren (lassen).

Wird der rechte Schläfenlappen durch Verletzungen zerstört oder operativ entfernt, so haben die Patienten danach Schwierigkeiten, Veränderungen in der Tonhöhe von Einzeltönen oder Melodien zu erkennen. (Siehe auch den Seashore-Test zur Bestimmung von Musikalität ist, Seite 65.)

Entfernt man den linken Schläfenlappen, so werden die Kranken in dieser identisch gestellten Aufgabe – Tonhöhen zu erkennen – kaum eingeschränkt.

Eine Fülle von ähnlichen Versuchen, die nicht nur die Rezeption von Musik betreffen, sondern auch das ganzheitliche Denken, das räumliche, das visuelle Erkennen, also in der Summe alles Nonverbale beinhalten, zeigen, daß dabei unser *rechter Schläfenlappen* eine ganz entscheidende Rolle in unserem Hirn

DER RECHTE SCHLÄFENLAPPEN UNSERES GEHIRNS

spielt und eine Schlüsselrolle bei der Entwicklung unserer Persönlichkeit einnimmt.

Unsere linke Hirnhälfte gibt uns die Fähigkeit, uns sprachlich mitzuteilen, die – untergeordnete – rechte Hemisphäre unseres Hirns bringt kein Wort zustande. Deshalb glauben wir leider und fälschlicherweise, sie vernachlässigen zu dürfen. Oder wir werden künstlerisch kreativ und versuchen dabei unsere nonverbalen Gedanken, Meinungen, Sichtweisen oder Bedürfnisse als Musiker, Bildhauer, Maler, Tänzer usw. zu artikulieren.

VOKALBILDUNG

Im sogenannten Rolandischen motorischen Feld (siehe Grafik Seite 19), gleich in der Nachbarschaft unseres „Musikzentrums", verwalten wir den Gebrauch von Kehle, Zunge, Kiefer und Lippen sowie (abhängig davon) die Vokalbildung.

VERBALER INHALT

Im auditorischen Bereich der linken Hirnhälfte dominiert die Wahrnehmung des verbalen Inhalts gesprochener Worte. (Bei Linkshändern gibt es gelegentlich Verschiebungen.)

Deshalb treten beim Singen, bei der optimalen Vokalisation weitab von der Umgangssprache, enorme Probleme auf. Die Suche nach dem Vokalausgleich, dem tragfähigen Gesangston, bei gleichzeitigem, wortverständlichem Singen bedarf eines langjährigen, mühevollen Umfunktionierens unseres Langzeitgedächtnisses. Die Artikulation der Sprache über die mit dem vorwiegend analytischen Denken betraute linke Hirnhälfte und die Bildung einer Idealposition für die Entfaltung unserer Stimme in unserem Mund-, Nasen- und Rachenraum durch Befehle des rechten Hirns – das stört sich im Ernstfall gewaltig und viele Jahre lang. Hierin unterscheidet sich auch das Metier Schauspiel vom Vokalkonzert und von der Oper.

## *Die Wirkungen von Musik auf den Menschen*

### MUSIKTHERAPIE IN DER ANTIKE

Die Musiktherapie beschäftigt sich seit alters her damit, die Gefühlswelt von psychisch Kranken durch ausgesuchte Klänge positiv zu stimulieren. Schlagen wir in der Bibel nach, so wird uns dort von der Genesung Sauls durch Musik berichtet: „. . . immer wenn der böse Geist über Saul kam, griff David zur Harfe und spielte mit seiner Hand; dann wurde es Saul leichter ums Herz, und der böse Geist wich von ihm."

**DIE HELLENEN**

Aus der griechischen Antike berichtet Jamblichos über Pythagoras: „... denn nicht nur nebenbei pflegte er diese Form der Reinigung (Katharsis): so nannte er nämlich die Heilung durch Musik ... in die Mitte setzte er einen, der die Leier schlug, und rings um diesen ließen sich die Sänger nieder und sangen gemeinsam bestimmte Paiane, durch die sie, wie sie glaubten, frohen Sinnes, harmonisch und rhythmisch wohlgeordnet wurden ... Dabei gab es bestimmte Melodien, die auf die Affekte – etwa auf Anfälle von Mutlosigkeit und nagenden Kummer – zugeschnitten waren; denn diese waren sehr hilfreich erdacht. Andere wirkten auf Zornes- oder Gemütswallungen und auf jedes Außer-sich-Geraten der Seele, die dafür anfällig ist ... Außerdem betätigte die Pythagoreerschule einen Katalog von musikalischen Formen der seelischen Zurüstung, Harmonisierung und Zurechtweisung, indem sie mit geeigneten Melodien die Seelenverfassung in förderlicher Weise umwandelte und zum entgegengesetzten Affekte hinführte ..."

Aristoxenos, ein Schüler des Pythagoreers Xenophilos, spricht von der Musik als der Kraft, die „aufgrund der ihr innewohnenden Ordnung und Ausgeglichenheit die Seele in den entgegengesetzten Zustand bringt, das heißt, sie beruhigt".

**PLATO**

Und Plato erkennt in der Musik ein erzieherisches Moment: „So ist also ... die Erziehung durch die Musik darin die vorzüglichste, weil der Rhythmus und die Harmonie am meisten in das Innerste der Seele dringen und am stärksten sie erfassen, Anstand bringen und anständig machen, wenn jemand darin richtig erzogen wird, wo nicht, das Gegenteil."

**ARISTOTELES**

Entsprechend der sportlichen Betätigung, die den Körper formt, sollen bestimmte Arten von Musik den seelischen Zustand des Menschen beeinflussen. Aristoteles kennt drei Arten von Musik: eine „ethische" zur Erziehung, eine „praktische" und eine „enthusiastische".

Er schreibt: „Wir behaupten ferner, daß die Musik nicht nur zu einem einzigen nützlichen Zweck, sondern zu mehreren zu gebrauchen ist, nämlich zur Bildung, zur Reinigung und zur höchsten Lebensgestaltung, zur Entspannung und Erholung von der Anstrengung ..."

Deshalb folgert er auch psychosomatische Zusammenhänge: „Es scheint, als ob alle Erfahrungen der Seele nur in Verbindung mit einem Leib zustande kommen, Entschlossenheit, Nachgiebigkeit, Furcht, Mitleid, Mut, auch Freude sowie Lieben und

Hassen; in allen diesen Fällen geht auch mit dem Leibe etwas vor. Das beweist der Umstand, daß sie [die Seele] sich bisweilen auch unter der Einwirkung starker und spürbarer Eindrücke nicht aufregt und fürchtet, ein andermal aber selbst bei kleinen und schwachen Einflüssen in Bewegung gerät, wenn der Leib erregt ist und in dem Zustand, in dem sich die Aufregung zeigt. Dies kann noch klarer zutage treten; auch ohne daß etwas Furchtbares in den Erfahrungen begegnet, treten Angstgefühle infolge der körperlichen Zustände auf, wie sie ein Fürchtender hat." Beobachtungen und Vermutungen natürlicher Abhängigkeiten zwischen Psyche und Soma oder den Emotionen und deren körperlicher Reaktion waren also wesentlicher Bestandteil im täglichen Leben der Antike.

## Vom Mittelalter in die Jetztzeit

*Gregorianik als Medizin im Mittelalter*

Unser stark religiös geprägtes europäisches Mittelalter hat sich sowohl an die Überlieferungen des Altertums als auch an manche waghalsigen Behauptungen der gottesfürchtigen Zeit gehalten oder – obwohl noch in Unkenntnis der tatsächlichen medizinisch-biologischen Zusammenhänge – entsprechende geistliche Musik für gesundheitsfördernd erklärt und weltliche als schädigendes Satanswerk zur Hölle geschickt.

„Lest doch den Ptolemäus . . .", heißt es bei Pfitzner im zweiten Akt seiner Oper „Palestrina", um einen Einwand gegen jedes moderne Komponieren vorzutragen. Die einzig „richtige", die Kirchenmusik, war über Zahlenreihen an Tonfolgen und in Anlehnung an die Antike (Ptolemäus) reglementiert.

3. Jesu, tibi sit glo- ri- a, Qui natus es de Virgine, Cum Pa-

tre et almo Spi - ri - tu,  In sempi - ter-na saecula, Amen

*Ein Beispiel aus der Gregorianik, der vierzeiligen Notenschrift.*

**BAROCK UND KASTRATEN**

Zum Stimmideal der Barockzeit gehörte der Gesang in den höchsten Tönen (Lagen). Auch wurde das professionelle Singen an die technischen Möglichkeiten etwa einer Klarinette oder Oboe angelehnt. Einer der bekanntesten Sänger dieser Zeit, der berühmte Kastrat Broschi, genannt Farinelli, ließ sich an den spanischen Königshof engagieren, um Philipp V. und seinen an schizophrener manischer Melancholie erkrankten Nachfolger, Ferdinand VI., allnächtlich – und dies ganze zwölf Jahre lang – erfolgreich zu beruhigen und „musiktherapeutisch" in den Schlaf zu singen. Broschi wurde dabei so vermögend, daß er sich ein spanisches Herzogtum kaufen konnte.

**GESTERN**

„Schlaf, Kindlein, schlaf", sangen auch unsere besorgten Mütter bis vor ein paar Jahrzehnten noch, um frühkindliche Alltagssorgen vergessen zu machen.

## DIE KRAFT DER MUSIK AUS HEUTIGER SICHT

Die moderne *Tiefenpsychologie* unserer Tage erkennt in der Musik einen Aktivator des Unterbewußtseins, die *Psychosomatik* weiß um die Einflüsse bezüglich vegetativer Veränderungen, und in der *Sozialpsychologie* wird bestimmte Musik als nonverbales Kommunikationsmittel betrachtet, welches den Gemeinschaftssinn fördert. Warum aber werden dann die Musik und hier unser Gesang nicht stärker propagiert und als kostengünstiges Therapeutikum in vollem Umfang zur Gesundung und Revitalisierung des Menschen eingesetzt . . .?

> Aktivieren wir doch endlich unser Unterbewußtsein, fördern wir den Gemeinschaftssinn, und stimulieren wir unser vegetatives Nervensystem auch durch geschultes Singen und Zuhören positiv!

**DER VORSCHLAG**

Könnte es in diesem Zusammenhang und als Beweis für die heilende Wirkung von Gesang nicht möglich sein, psychosomatisch Erkrankte auf ganz natürliche Weise über das Singen, also durch den verstärkten Einsatz des eigenen Körpers, zu *(re-)animieren?* Singen als flankierende Maßnahme einzusetzen, in Verbindung mit den probaten medikamentösen Therapien und teils langwierigen IQ-abhängigen, subjektiven und objektiven Beobachtungen?
Ja, doch, das gibt es schon lange. Die wohltuende oder gar hei-

lende Wirkung von Musik wird bei seelisch oder geistig gestörten Kindern mit Erfolg angewandt. Der Mechanismus, der dem zugrunde liegt, ist jedoch in seinen biologischen Details noch nicht endgültig erklärbar, da er auch sehr komplex ist. Doch sind ja die Wirkungen nicht zu leugnen und daher als solche wichtiger als die nachhinkende wissenschaftliche Erklärung. Zahlreiche natürliche Phänomene entziehen sich auf diese Weise auch heute noch unserem Verständnis.

Es scheint keine eingeführte medizinische Gesangstherapie zu geben. Denn diese setzte eine gründliche und langwierige diesbezügliche Schulung der Musiktherapeuten voraus. Somit singen Kranke heute zumeist in Gruppen und unter der Anleitung von Laien, die keine gesangliche Schulung der Stimme vornehmen (können). Einzeltherapie, verbunden mit entsprechenden Hilfen zur optimaleren Atmung und Stimmproduktion, steht offensichtlich nicht auf dem Plan. Zumindest konnte der Universitätscomputer in München 1996 aus seinem gewaltigen gespeicherten Wissen keine Nachweise dazu herausfiltern.

Angenommen, der wissenschaftliche Beweis für die therapeutische Wirkung von Musik und Gesang würde erbracht:
*Wie ließe sich ein positives Ergebnis verwerten, und wie wäre dies dann auch zur Prävention nutzbar zu machen?*

Wenn Singen und Zuhören – verbunden über das Zentralnervensystem – musiktherapeutisch erfolgreich sind, dann ist doch auch ganz am Ende der positiven Auswirkungen in „Sachen Singerei" die Frage geklärt, ob wir die „elitären" Opern tempel oder Konzerthäuser unbedingt weiter „subventionieren", also künstlich am Leben erhalten sollen. Dann haben doch die „überflüssigen" Ausgaben für die „lästigen" kulturellen Befriedigungswerte über eine bereits nachgewiesene wirtschaftliche Umwegrentabilität hinaus weitere meßbare, positive gesundheitliche Auswirkungen auf Individuum und Gesellschaft!

Und geht es wieder einmal um Konzert und Oper, wer darf dann noch von Subventionen sprechen . . .? Es ist doch dann nachgewiesen, daß das Singen (und auch Zuhören) zu besserer psychischer und physischer Gesundheit führt und über die Ausgeglichenheit von Individuum und Gemeinschaft in eine friedliche Zukunft weist . . . Ein Traum, gewiß!

GIBT ES MUSIKTHERAPEUTISCHE MÖGLICHKEITEN ZUR
HEILUNG VON DEMENZEN?

Durch Demenzen, durch *irreversible* oder *reversible* (das heißt „reparable") Funktionsblockierungen werden Kranke in ihren mentalen Leistungen beeinträchtigt. So können der Orientierungssinn, die Denk- und Sprachfähigkeit, die Kreativität, die musische Veranlagung, der Gesang gestört sein. Doch muß es ja – wie das Wort schon sagt – bei *reversiblen* Blockaden Möglichkeiten geben, die Beschwerden des Patienten zu verringern oder zu heilen. Hier spielen die Nervenzellknoten-Verbindungen (Synapsen) eine große Rolle. Durch Gedächtnistraining scheint beim Kranken eine Funktionswiederherstellung bzw. eine Synapsenregeneration oder sogar -neubildung stattzufinden. Auch intaktes nachbarliches Gewebe kann hier eventuell innerviert und die Blockade durch eine Sprossung von gesunden Synapsen „umgangen" werden. Ruhende Nervenzellknoten-Verbindungen werden dann reaktiviert und gesunde Synapsen effizienter. Man kann diesen Prozeß mit Fußspuren im Schnee vergleichen, die durch intensiven Gebrauch ausgetretener und so leichter begehbar werden.

REVERSIBLE BLOCKADEN

In der Praxis wird die synaptische Reorganisation in entsprechenden Feldern unseres Hirns auch über sogenannte „neuritenstimulierende Proteine" medikamentös begünstigt.

Daß diese wissenschaftlichen Erkenntnisse nicht nur für diejenigen zerebralen Areale gelten, die alles linkshemisphärische Denken betreffen, sondern auch die *musische* rechte Hirnseite einschließen, war Ausgangspunkt für Überlegungen, eine Studie durchzuführen, die gerade bei psychosomatisch Kranken Ergebnisse bringen sollte. Denn hier zeigen sich vornehmlich Demenzen im rechten Hirn (siehe ausführliche Beschreibung Seite 33 ff.).

Den zehnten paarigen Hirnnerv nennt man *Vagus*. Er verbindet unsere Psyche, unser seelisches Befinden über eine ganze Reihe von „Schaltstellen" auch mit unseren inneren Organen, unserem Atem und damit auch unserer Kehlkopfarbeit. Eine Überaktivität dieses Nervenpaares führt zu Zittern, Herzklopfen, Konzentrationsmangel, Schweißausbrüchen oder auch Magen- und Darmproblemen – und auch zum leidigen *Lampenfieber* mit allen seinen schlimmen Begleiterscheinungen vor und während unserer (künstlerischen) Darbietungen.

DAS ZENTRALNERVEN-SYSTEM UND DER KEHLKOPF

Bei schweren psychosomatischen Fällen droht Erstickungsgefahr durch Fehlfunktionen des Kehlkopfs. Das heißt, unser Gesangsapparat ist im weitesten Sinne über das Zentralnervensystem mit allen wichtigen Schaltzentren unseres Körpers verbunden. Sollten sich diese Zusammenhänge nur für den negativen Fall ergeben? Wie könnte ein „gut funktionierender (geschulter) Kehlkopf" auf das Zentralnervensystem einwirken? Würden sich ganz am Ende der Reaktionskette im Hirn Blockaden lösen, Demenzen zurückbilden?

DAS „WERTHER-SYNDROM"

„Lieber Wilhelm", schreibt unser klassischer, über die Ohren verliebter Goethescher Werther, „lieber Wilhelm, ich bin in einem Zustande, in dem jene Unglücklichen gewesen sein müssen, von denen man glaubte, sie würden von einem bösen Geiste umhergetrieben. Manchmal ergreift mich's; es ist nicht Angst, nicht Begier – es ist ein inneres unbekanntes Toben, das mir die Brust zu zerreißen droht, das mir die Gurgel zupreßt."

Mit einem „Werther-Syndrom" läßt es sich wirklich nicht gut singen. Berufssänger haben – wie alle anderen Menschen auch – täglich mit psychischen Einflüssen auf Zwerchfell, Atmung und den Kehlkopf zu kämpfen. Nur ist dies bei ihnen schon aus beruflicher Sicht eine mittlere bis endgültige Katastrophe... Wäre daher bewußtes, kortikal gesteuertes Atmen und eine entsprechende Anleitung zum Singen nicht auch eine flankierende Therapie gegen das „unbekannte Toben", die „zerrissene Brust", die „zugepreßte Gurgel" oder andere psychosomatische Beschwerden?

MUSIKTHERAPIE HEUTE

In der Praxis der heutigen Musiktherapie werden hauptsächlich Schlaginstrumente wie Trommeln oder Xylophone etc. eingesetzt. Die Patienten sind also mit Tätigkeiten beschäftigt, die ihre ganze Aufmerksamkeit beanspruchen. Sie konzentrieren sich daher hauptsächlich darauf, den „richtigen Ton" oder den Rhythmus zu finden und vernachlässigen den richtigen Atem. Beim Singen unter entsprechender Anleitung wird ein optimales Atmen erreicht. Sämtliche Muskeln des Rückens, des Bauches und der Brust werden innerviert, und das Zwerchfell erfüllt endlich seine naturbestimmte Aufgabe. Nicht von ungefähr haben die alten Griechen dort den Sitz der Seele vermutet.

## *Die natürlichste Therapie, der Gesang*

Viele wertvolle Erkenntnisse über die komplexe und teilweise unterschiedliche Funktionalität unserer beiden Hirnhälften lieferten in der Vergangenheit die Untersuchungen an Patienten, bei welchen die Verbindung zwischen den beiden Hirnhemisphären, der „Balken", durchtrennt wurde.

Neuere wissenschaftliche Erkenntnisse zeigen, daß *beide* Hirnhälften zu emotionalen Prozessen beitragen können. Dominant ist hier jedoch – wie bereits festgestellt – unsere rechte Hemisphäre.

Auch im Tierreich finden wir diese sogenannte zerebrale Dominanz. Werden zum Beispiel junge Ratten des öfteren gestreichelt, so speichern sie diese emotionalen, positiven Erfahrungen in ihrer rechten Hirnmasse und sind dann als erwachsene Tiere weniger aggressiv als ihre „ungestreichelten" Artgenossen. Gehätschelte Jungtiere, denen man das rechte Hirn operativ entfernt, werden aber unter gleichen Versuchsbedingungen gar nicht friedliebend.

SPLIT-BRAIN

| EMOTIONEN DER LINKEN SEITE | EMOTIONEN DER RECHTEN SEITE |
|---|---|
| Angstgefühle | Kontrolle der Reaktion auf Emotionen |
| Negative Emotionen als Reaktion auf unangenehme Situationen | (Selbsterzeugte) äußerst positive Emotionen und Musik (Melos) |

WAS GESANGSTHERAPIE BEWIRKEN KANN:
EIN WISSENSCHAFTLICHER VERSUCH

Ist geeigneter Gesang mit seinem Melos ein Helfer bei der Kontrolle und Geburt positiver Emotionen?

Niemand von uns (hoffentlich) Gesunden käme auf die Idee, sich freiwillig die Schädeldecke eröffnen zu lassen, lediglich um dort den Platz für „O sole mio" oder „Granada" aufzustöbern. Wo sich der verbale Schnulzenanteil befindet, wissen wir bereits. Sein Platz ist im linken Hirn. Da wir die Melodie in den Tiefen der rechten Hemisphäre und hauptsächlich im rechten Schläfenlappen vermuten (siehe Grafik Seite 19), konnte im Herbst 1996 ein Versuch an der Universitätsklinik in München

WO LIEGT GRANADA?

initiiert werden. Psychosomatisch Kranke, die offensichtlich Blockaden in ihrem rechten Hirn aufwiesen, wurden zu solistischem Singen geführt und dabei angeleitet. Auf Fragebögen wurden die subjektiven und objektiven Befindlichkeiten der stationären Patienten durch die Fachärzte erhoben und ausgewertet. Aufgrund des eingeschränkten Allgemeinbefindens der Kranken mußte jedoch auf EEGs (Hirnstrommessungen) und Hormonuntersuchungen im Blut verzichtet werden.

Die Studie ist inzwischen abgeschlossen, sie wurde auch mit einem entsprechenden „Gegenversuch", einem „Cross-over", den Resultaten aus einer Patientengruppe mit unspezifischer Beschäftigung (Spiele), verglichen.

DER VERSUCH

Vor und nach dem *Spielen* und der *Gesangstherapie* wurden die Patienten jeweils untersucht und befragt. In der Summe konnten eine signifikante Verringerung der depressiven Befindlichkeit, eine verbesserte Stimmungslage und eine psychische Aufhellung aller singenden Patienten diagnostiziert werden. Die Unterschiede zwischen der Spielegruppe und den „Sängern" waren dabei bedeutend, wie in den folgenden Grafiken ersichtlich.

Singen unter Anleitung bewirkt eine deutliche Verbesserung oder Aufhellung der Stimmungslage bei psychosomatisch erkrankten Patienten, eine weit stärkere auch als in der Cross-over-Versuch-Spielegruppe.

Auch hier zeigt sich, daß die menschliche Arteigenheit, die Möglichkeit zu singen, eine gleichzeitige Ausströmung von

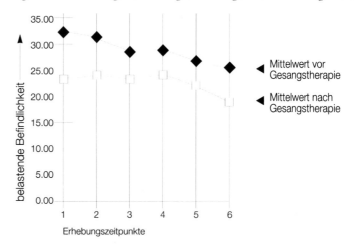

*Belastende Befindlichkeit vor und nach der Gesangstherapie. Die psychische Belastung verringert sich.*

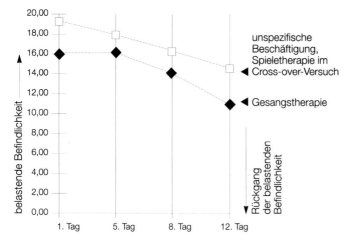

*Abnahme der belastenden Gefühle während der zweiwöchigen Gesangstherapie (für den Fachmann: in Hamilton gemessen).*

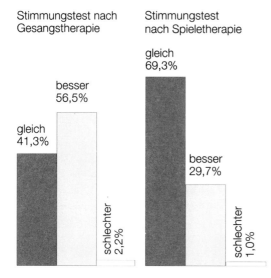

*Veränderung der Stimmungslage bei psychosomatischen Patienten durch Gesangstherapie und Spieletherapie (Grafiken nach Kristine Leopold).*

Gefühlen bewirken kann. Singen dient also keinesfalls nur der Unterhaltung. So haben auch Oper und Konzert mit ihrem ausgeglichenen Vortrag die Aufgabe, den Besucher im positiven Sinn zu verändern und „wenigstens für einen Augenblick geheilt" in das Alltagsleben zu entlassen.

Nicht jeder Gesang aber dient dem Frieden. Wir beschränken

uns hier auf den harmonisierenden Stimmklang und kompositorischen Melos, der ausgeglichen, friedlich und mitmenschlich stimmt.

### DER WEG ZUM ALTRUISMUS

KULTUR UND WERTESYSTEM

Unsere *biologische Entwicklung* hat unser Hirn aufgrund einer augenscheinlichen Notwendigkeit mit einer großen Begabung zu kulturellen Leistungen beschenkt. Unsere *kulturelle Evolution* kommt dabei einem sinnvollen natürlichen Bedürfnis nach und ist auf den Erwerb und die Nutzung immer neu entstehender Kultur ausgerichtet.

Hier sind die Möglichkeiten unserer rechtshemisphärischen Hirnmasse unermeßlich groß, während unser logisches, messendes Denken (links) bei vielen Zeitgenossen derzeit bereits an seine Grenzen stößt.

Aufgrund der überlebensnotwendigen Entwicklung eines Bedürfnisses nach Geborgenheit, Sicherheit, also sozialem Zusammenhalt wurde das, was wir unter Kultur verstehen, geschaffen. Die Unterscheidung von gut und böse, schön und häßlich, angenehm und schmerzhaft schuf ein Wertesystem, welches wir in unsere heutigen sozialen Demokratien übernommen haben. Sie per Dekret staatlich durchzuboxen stößt immer dann auf Schwierigkeiten, wenn die einzelnen Mitglieder einer Gemeinschaft nur unterhalten, aber nicht kultiviert sind.

Im Laufe der Millionen Jahre der menschlichen Entwicklung haben sich diejenigen Septumkerne unseres limbischen Hirnsystems, die für einen wachsenden Altruismus zuständig sind, deutlich vermehrt, während unser Aggressionszentrum, der mediale Mandelkern, kleiner wurde (siehe auch Grafik Seite 17). Wir sind also bereits genetisch und mehr und mehr auf Liebe und Nächstenliebe als auf Haß ausgerichtet. Unser artspezifisches Singen mit Wohnsitz im rechten Hirn ist ein Weg zu diesem Altruismus. Unsere linke Ratio sollte sich nur endlich einmal davon überzeugen lassen.

AGGRESSIONSABBAU

Verringert Katharsis die Aggression? So fragt das Springer-Lehrbuch Psychologie von P. G. Zimbardo in seiner fünften Auflage und erklärt anschließend, warum Zustände erhöhter physiologischer Erregung durch vermeintliches Ausleben dieses Zustandes nicht gedämpft werden. Das heißt, wütend herumbrüllende Zeitgenossen regen sich entgegen jeder laienhaften Vermutung

durch ihr aggressives Verhalten keineswegs ab. Des weiteren schreibt P. G. Zimbardo: „Gut geplante psychologische Untersuchungen legen eine deutliche Verbindung zwischen Sehen und Handeln nahe. Gewalttätige Fernsehinhalte ziehen aggressives Handeln nach sich. Jungen, die mehr gewalttätige Filme sehen, werden aggressiver als ähnliche Jungen, die Filme ohne Gewalt konsumieren. Derlei Effekte wurden auch in Untersuchungen gefunden, die sich mit der Auswirkung von Fernsehen auf Erwachsene befaßten."
Durch massive gewalttätige Fernsehinhalte werden Kinder nachgerade zur Gewalt erzogen: Wir nutzen im Alltag den kindlichen Nachahmungstrieb ja auch, um ihr Verhalten positiv zu beeinflussen. Ein kleines Beispiel: Warten wir nicht an der Ampel bei „Rot", anstatt noch schnell hinüberzulaufen? Selbstverständlich, denn wir möchten wartenden Kindern kein schlechtes und gefährliches Beispiel abgeben. Die Verantwortung der Medien für die zunehmende Gewaltbereitschaft bei Jugendlichen wird meines Erachtens viel zu wenig diskutiert.
Und wie reagieren wir auf aggressive Kunst . . .? Kann sie uns, die ohnehin aus dem Alltag so Aggressionsgeladenen, denn zum gegenteiligen Affekt führen?

Künstlerische Befriedigungswerte müssen uns die Alltagsaggressionen nehmen, uns sicherlich die Augen öffnen, aber auch einen besseren Menschen aus uns machen, einen kultivierteren, altruistischen. Es sind die positiven Emotionen, die unseren Altruismus fördern. Wollen wir eine friedliebende Zukunft, so muß auch die Kunst, der Gesang als Teil der Kultur dazu beitragen. Diese haben über die nachgewiesenen Einwirkungen auf die rechtshemisphärischen Hirnleistungen des Menschen großen Einfluß auf uns.

POSITIVE EMOTIONEN

„Altruistisches Verhalten wird durch Verstärkung, durch Beobachtung von Modellen, die sich *prosozial* verhalten, die die Selbstaufmerksamkeit angesichts sozial erwünschter Normen stärken, geformt" (Zimbardo).

*„Ich will von Atreus' Söhnen,*
*von Kadmus will ich singen!*
*Doch meine Saiten tönen*
*nur Liebe im Erklingen.*

*Ich tauschte um die Saiten,*
*die Leier möcht' ich tauschen!*

*Alcidens Siegesschreiten*
*sollt ihrer Macht entrauschen!*

*Doch auch die Saiten tönen*
*nur Liebe im Erklingen!*
*So lebt denn wohl Heroen,*
*denn meine Saiten tönen,*
*statt Heldensang zu drohen,*
*nur Liebe im Erklingen."*

Franz Schubert, Nach Anakreon
von Bruchmann Op. 56, Nr. 2

## *Gesang als Teil des Menschen*

### Musik erzieht

NATURSTIMMEN

Die vielen Stimmen der Menschheit sind Gottesgeschenke – oder ein vorläufiger Zustand unserer augenblicklichen Evolutionsgeschichte. Doch kann jeder seine individuellen natürlichen, aber größtenteils schlafenden Ressourcen reaktivieren oder verkümmern lassen. Organisch Kranke sind hier selbstverständlich ausgenommen. Naturvölker praktizieren ihren natürlichen Gesang noch vollstimmig als überlieferte kulturelle Eigenheit. Wir aber kommen heute in der Regel über das dünnstimmige und gelegentlich ziemlich falsch intonierte „Happy Birthday" nicht mehr hinaus.

NEUGEBORENE SINGEN NOCH RICHTIG

Die menschliche Stimme kann durch regelmäßiges Training des Körpers einen „Sitz", eine Position in den Schallräumen unseres Körpers erlangen, durch welche sie groß und tragfähig wird. Auch sind die Stimmbänder der Sänger gar nicht so anders als jene der sogenannten „Stimmlosen". Dem „Tennisarm" des Champions ist sein Preisgeld ja auch nicht auf den Leib geschrieben. Die Neugeborenen können noch alle richtig atmen und Töne „produzieren". Wird dann der Rede- oder Singdrang im Elternhaus, in der dünnwandigen Hochhauswohnung, in der Schule oder im sonstigen öffentlichen Leben eher gehemmt als gefördert, so führt dies zu einer Denaturierung dieses Organs (Phonasthenie) und zum Verlust der natürlichen Fähigkeiten, damit artspezifisch „lautstark" umgehen zu können.

Frühe Musikerziehung und frühes Singen fördern auch eine Steigerung der *Intelligenz,* die besonders für wissenschaftliches, mathematisches Denken erforderlich ist. Laut einer amerikanischen Studie konnte in einem entsprechenden Versuch eine Verbesserung des Intelligenzquotienten der Schüler um etwa sechsundvierzig Prozent erzielt werden. Richtiges Singen wirkt auch entkrampfend, stärkt den *Herzmuskel* und die *Lungenfunktion,* durchblutet den Körper in verstärktem Maße – so auch das *Hirn!* – und steigert somit die individuelle *Lebenserwartung.* Praktizierende Sänger leben also gesünder und länger . . . und belasten damit unweigerlich alle möglichen Rentensysteme.

<small>SINGEN, INTELLIGENZ, VITALITÄT</small>

Schweizer Untersuchungen weisen nach, daß musizierende, singende Kinder besser motiviert sind und über Glücksgefühle und positive Selbstwertgefühle, die sie beim Singen erfahren, mit weniger Minderwertigkeitskomplexen behaftet aufwachsen. Durch das Überwachen verschiedener gleichzeitiger Abläufe – schon beim Singen von Kanons – lernen die Kinder in Strukturen zu denken, zusammenzuarbeiten und aufeinander zu hören. Die für das Leben in einer demokratischen Gemeinschaft unerläßliche soziale Kompetenz, die Toleranz der Schüler und ihr Verständnis für die Belange ihrer Mitmenschen werden ebenfalls dadurch geweckt und weiterentwickelt.

<small>SINGEN UND DEMOKRATIE</small>

Durch das Singen und Musizieren in frühkindlichen Jahren wird die Bildung von Teilregionen des Neokortex, also des evolutionsgeschichtlich jüngsten Teils in unserem Hirn, unterstützt. Dieser Neokortex ist unter anderem auch für unsere neueren Gefühle – für uns und im Austausch mit unseren Zeitgenossen – und die eigene Kreativität verantwortlich. Diese ist in unserem rechten Hirn beheimatet und mit unserem Gesang in einer gemeinsamen Schublade gespeichert. Bieten wir den Kindern im präpubertären Alter eine geeignete kulturelle Bildung an, so geben wir damit den Anstoß für ihre kultivierte Entwicklung (rechts). Wird jedoch nur wissenschaftliches Computerdenken gefördert (links) und bekommen die Kinder über die Medien lediglich Unterhaltung – noch dazu oft fragwürdige – serviert, dann sieht es um die Kultivierung von jungen Menschen gar nicht gut aus. Die steigende Kriminalitätsrate als Endergebnis ist umgekehrt proportional zu den Sparmaßnahmen und den Fehlentwicklungen auf kulturellem Gebiet.

<small>DER NEOKORTEX</small>

Als sogenannte primäre Emotionen bezeichnen wir heute die-

<small>ALTE UND NEUE GEFÜHLE</small>

jenigen, die uns die Evolution mit ihrem Ausleseverfahren in die Gene implantiert hat. Das heißt, wir reagieren ganz automatisch auf Schmerz, Hunger oder Durst usw.

Neue oder sekundäre Emotionen sind die Reaktionen auf Vorstellungen und Gedanken oder auch auf Erinnerungen an beispielsweise besonders angenehme Situationen im Leben. Musik und unser Gesang, die Oper mit ihrer musikdramatischen Handlung, führen uns in eine alte und eine neue emotionale Welt.

Die Neuropsychologen unterscheiden zwischen Gefühlen und Emotionen. Letztere sind an emotionale Verhaltensweisen gebunden und Gefühle eher neurale Erfahrungen, also neueren Datums. In diesem Buch wird jedoch nicht immer in dieser Hinsicht differenziert.

DIE VERARBEITUNG DER GEFÜHLE

Zwei Hirnteile aus unterschiedlichen Zeitaltern unserer biologischen Evolution sind damit beschäftigt, unsere emotionalen Eindrücke in Lernprozessen zu verarbeiten: der Paleokortex und das ringförmige limbische System (siehe Grafik Seite 17). Die unerhörte Fülle der ständig zwischen Paleokortex und limbischem System ausgetauschten Informationen verschafft dem Menschen ein anwachsendes und immer differenzierteres Repertoire an möglichen Sinneseindrücken. Das bedeutet, wir müssen erst Gefühle an uns heranlassen, uns „informieren", um sie verarbeiten und im Austausch wieder kommunikativ an unsere Umwelt abgeben zu können.

DAS VERFEINERN DER EMOTIONEN

Der sich verfeinernde Geschmack ist immer ein Produkt vieler selektiver Wahrnehmungen, denken wir beispielsweise an Weinexperten, Kaffeekenner oder eben auch an Sänger und ihre gefühlvollen Zuhörer. Während der Jahrmillionen unserer Evolutionsgeschichte war es zuerst die Aufgabe unseres Hirns, die Abfolge körperlicher Funktionen unter dem Gesichtspunkt der Überlebensstrategie zu koordinieren. Was uns nicht „paßte", das haben wir also viele Millionen Male abgelehnt. Das in jeder Hinsicht „Schmackhafte" haben wir hingegen als gut, schön, angenehm oder auch „gefühl-voll" bezeichnet und in unsere Erbmasse aufgenommen. Durch den Austausch von entsprechend positiven Gefühlen wurden Mißverständnisse und Dissonanzen, die wir vielleicht verbal nicht klären oder auflösen konnten, in Harmonie verwandelt. So kann auch ein direkter Zusammenhang zwischen unserem gefühlvollen Gesang und einem für eine friedliche Zukunft so unerläßlichen, uns Menschen adelnden Altruismus bestehen.

Dank der gigantischen Vielfalt an Angeboten unserer medialen Welt sind Wissen und Können nicht länger Frage einer großen finanziellen Investition. Und eine Vielzahl täglicher kultureller Bildungsveranstaltungen ist ebenfalls für jedermann vergleichsweise erschwinglich geworden. Unterhaltung allein ist nicht genug: Gelungene Unterhaltung kann uns zwar erfreuen, aber muß uns nicht unbedingt kultivieren. Lassen wir uns doch auch einmal von einem erstklassigen Violinkonzert „befühlen", von Kompositionen von Schubert oder Chopin, von einem guten Buch, einem Museumsbesuch – oder eben vom Melos unseres Gesanges. Es sind die dann angereicherten Gefühle, die einen anderen, kompletteren, besseren Menschen aus uns machen.

<small>DIE EMOTIONALE BILDUNG</small>

Kunst und Kultur können uns also verändern, indem sie sich unserer seelischen Bedürfnisse annehmen, sie wecken oder verarbeiten.

<small>MELOS SOLL UNS RESOZIALISIEREN</small>

Dazu ein Beispiel: Der sogenannte Mandelkern im limbischen System unseres Hirns (siehe Grafik Seite 17) leitet Bedrohungen weiter an das Zentralnervensystem. Wir reagieren darauf mit Zorn und schlagen im Ernstfall zu. Dabei steigt unser Blutdruck und unser Puls aufgrund von erhöhten Werten von Hormonen wie etwa Testosteron oder Adrenalin im Blut. Bei Trauer jedoch wird der Hippocampus aktiv. Die körperliche Reaktion besteht in einem Ansteigen der Endorphinwerte, das Testosteron fällt, Blutdruck und Puls bleiben konstant, wir ordnen uns unter und werden milde gestimmt. Kein Wunder also, daß viele berühmte klassische Kompositionen in Molltonarten gehalten sind. Sie regen die Trauer, das Mitleiden an, verringern das übermäßig ausgeschüttete Testosteron oder Adrenalin und begünstigen die Drüsentätigkeit, die für ein Ausschütten von Acetylcholin und Endorphin zuständig ist.

Gute künstlerische Darbietungen können und sollen uns dergestalt vom Negativen zum Positiven resozialisieren.

Dann lösen sich auch verkrustete gedankliche Fronten oder Engpässe auf und führen durch laterale Denkanstöße neugeordnet zu positiverer Weltanschauung.

# *Gesang und Kreativität*

## Wie Kreativität entsteht

**Not und Kreativität**

Ohne unsere heutige Kultur und ohne Kreativität – welche zu Kultur führt – säßen wir sicherlich noch ängstlich irgendwo am unteren Amazonas oder Rio Negro, auf schwankenden Regenwaldbäumen mit oder ohne Bananen in Händen, immer abhängig von den Launen der Natur.

Not macht erfinderisch, sagt der Volksmund, das heißt, auf den Trieb der Neugierde, der ursprünglich der Nahrungssuche und der Verbesserung unserer Urwaldsituation galt, reagierte der Mensch mit einer stetig anwachsenden Intelligenz. Jene ist ohne Zweifel auch Ursache für die gegenwärtig so rasche Entwicklung auf dem Gebiet der Wissenschaften und der Technik. Kreativität bereichert also auf diese Weise das ganze Leben und ist maßgeblich für jeden weiteren Schritt der Evolution.

**Manipulation contra Evolution**

Haben wir uns über Jahrmillionen von der Natur – und als ein Teil von ihr – auf selektive Weise *passiv* verbessern lassen, so gibt uns unser heutiger Erkenntnisstand über uns selbst und unsere Position innerhalb unserer Umgebung Gelegenheit, *aktiv* verändernd, praktisch und hoffentlich optimierend einzugreifen. Diese Art von Kreativität ist damit auch stets auf der Suche nach neuen Möglichkeiten, Auswege bei Engpässen und Lösungen für Probleme zu finden, selbst wenn rationales, lineares Denken – weil unbeweglich geworden – nicht mehr zielführend sein kann.

**Kreativität setzt das Denken in Bewegung**

Auch die Computerwelt wurde von kreativen Menschen erfunden. Trotzdem ist jene in ihrer mathematischen Logik *selbst* nichtschöpferisch. Sie ist weder tugendhaft noch liebesbedürftig und schon gar nicht heiratsfähig. Sie selbst bleibt bei all unserem Staunen über ihre Fähigkeiten leblos und daher unkreativ.

Kreativität entsteht innerhalb einer regionalen Kultur aus dem Zusammenwirken zwischen Symbolen und Regeln einerseits und einer Einzelperson andererseits, deren innovative Vorschläge ein zustimmendes Aha-Erlebnis bei ihrer Umwelt auslösen und daran anschließend anerkannt werden müssen. Dieses ist schwierig und geschieht selten in unserer gar nicht so gern fördernden Neidgenossenschaft. Schöpferische Menschen sind überdies in der Regel Außenseiter, Einzelgänger und somit auch nicht gerade kommunikativ.

Eine allseits für gut befundene Errungenschaft, eine Kreation, wird Bestandteil einer Kultur und kann allgemeingültig weitergegeben werden. Ändern sich jedoch die Zeiten, die Regeln und Notwendigkeiten im täglichen Leben der Mehrheit, dann wird die Erfindung unseres Kreativen durch neue Kreationen in Frage gestellt. Sie gerät schließlich in Vergessenheit und landet – wenn überhaupt – im staatlich „subventionierten" Landesmuseum.

Kreativität ist ein in uns allen schlummernder Baustein, der aufgespürt und bearbeitet werden sollte, wollen wir uns dem Menschlichen und dem Frieden zuwenden. Schöpferisch werden kostet nur etwas Zeit, viel Neugier und Liebe, wird aber, wenn es nur dem puren Eigeninteresse dienen sollte, kaum funktionieren. Die Schriftstellerin Christa Wolf bringt es auf den Punkt: „Was ignoriert und geleugnet wird, müssen wir schaffen, Freundlichkeit, Würde, Vertrauen, Spontaneität, Anmut, Duft, Klang, Poesie, ungezwungenes Leben, wenn der friedlose Friede in Vorkrieg überzugehen droht, das eigentliche Menschliche, was uns bewegen kann, diesen Frieden zu verteidigen."

KREATIVITÄT UND FRIEDEN

Wenn wir tatsächlich kreative Energie freisetzen wollen, müssen wir uns zuvor von allen belastenden, kapitalistischen Gedanken trennen und unsere Neugier und Suche mit selbstloser Freude in den Mittelpunkt unseres Lebens stellen. So könnten wir auch den Unterschied zwischen Beschäftigung und Arbeit definieren, wobei wir uns doch gerne mit etwas beschäftigen, wenn wir den (immateriellen) Wert dieser Tätigkeit erkennen. Haben wir aber zu unserer Arbeit keine Beziehung oder nur das Bestreben, damit Geld zu verdienen, so macht sie uns – machen wir uns – krank.

VON ARBEIT ZU BESCHÄFTIGUNG

Unser natürlicher Wissensdrang sollte bereits im frühkindlichen Alter geweckt werden. Indem man uns mit besonderen Aufgaben betraut und das Ergebnis mit „Zuckerbrot statt Peitsche" anerkennt, steigert man unser Interesse für ein bestimmtes Gebiet. Zum Beispiel für das räumliche Denken, für Sprachen, für Architektur, für die Wissenschaften, die Poesie, den Sport, *unser Singen* und vieles mehr.

In diesem Zusammenhang ist es auch für die natürliche Entwicklung von Kindern und Jugendlichen nötig, daß sie eine uneingeschränkte Eigenexistenz aufbauen dürfen, die sie aus einer einschränkenden Vormundschaft ihrer Erzieher liebevoll entläßt.

**Gefühlsarmut oder Kreativität**

Und doch entsteht Kreativität oft gerade aus der psychischen und auch physischen Not eines Kindes. Amerikanische Fallstudien belegen dies. Junge, abhängige Menschen können durch frühe mangelhafte oder schädigende Erziehung in Isolation und Gefühlsarmut (auch Kriminalität) versinken, oder sie werden schöpferisch, indem sie sich zurückziehen und sich eine eigene einsame Welt der Phantasien und „Ersatzgefühle" errichten.

**Isolation und Schwermut**

In der frühen Neuzeit hielt man die *Einsamkeit,* die Zurückgezogenheit in Depression, für Menschenscheu und so für ein Symptom der „sündigen acedia", also der Faulheit. Darüber hinaus war man sich bereits der Ambivalenz dieser bedrückenden „Schwarzgalligkeit" bewußt. Man nannte sie auch eine „heilige" Krankheit und erkannte in ihr die Basis für intellektuelles und schöpferisches Denken und Schaffen.

Der dichtende Nürnberger Schuster Hans Sachs nutzte im sechzehnten Jahrhundert die Beschäftigung mit der Poesie, um sich selbst von seiner Schwermut zu kurieren und um die Ängste seiner Zeitgenossen mit Ratschlägen zu verbalisieren. Auch die Renaissance sah in der Isolation eine Grundlage zu schöpferischer Begabung.

Kreativität kann also zur Überlebensstrategie werden, obwohl diesem selbst von Thomas Mann gepriesenen „kranken" Künstlertypus sein eigenes, neurotisiertes Ich gegenübersteht – zwar arbeitsmäßig befruchtend, doch zugleich oft schmerzhaft oder sogar vernichtend. Diese Form der künstlerischen Aussage ist dann meist eine Gratwanderung zwischen dem Himmel (hochjauchzend) und dem Tode (betrübt). Das Scheitern einer nach außen hin äußerst talentierten Existenz ist keine Seltenheit.

**Intrinsische Gratifikationen**

Deshalb ist es sicherlich angenehmer, in uns durch frühkindliche Bestätigungen, „Streicheleinheiten" (sogenannte intrinsische Belohnungen), ungeahnte Kräfte aufbauen zu lassen, die es uns erlauben, uns unermüdlich und „selbstzerstörungsfrei" ganz dieser einen speziellen Sache zu widmen. Diese nimmt uns dann völlig gefangen, und deren außergewöhnliche Entstehung überschüttet uns schließlich mit einem Füllhorn immaterieller Gratifikationen.

Erinnern wir uns an solche Augenblicke? Sind sie uns nicht in unserem Gedächnis haften geblieben, obwohl wir vielleicht gar keinen materiellen Zusammenhang mit unserer damaligen Beschäftigung feststellen konnten, eher Freude, Glück oder Genugtuung dabei empfanden?

## Vom Gesang über die Gesundheit zum Glück

Die Welt wird ständig mit Innovationen auf wissenschaftlich-technischem, medizinischem oder pharmakologischem Gebiet überflutet. Wo aber sind die schöpferischen Ideen, die den Menschen selbst betreffen? Werden sie nicht ernstgenommen, verlacht und daher unterdrückt? Von wem, weshalb, und wer sind unsere diesbezüglichen „Feinde"? Wir selbst? Oder ist dies alles nur viel belächelte Esoterik?

Entdecken wir doch wieder unsere kindliche Neugierde von damals, lassen wir uns zurückfallen in archaische Gründe, erleben wir die Freude an immateriellen Bereicherungen. Verbessern wir beim Tennis unsere Schlaghand und bei der Weinverkostung unseren Geschmack. Und wenn uns niemand aus der Firma zusieht, dann optimieren wir „ganz schamhaft" unsere Atmung, unseren sprachlichen Klang, unsere Singstimme, dadurch unser Auftreten und unser ganzes „Ich". NEUGIERDE

Wir müssen uns ökonomisch auf die ökologisch begrenzten planetaren Möglichkeiten einstellen, das heißt auch einen weltweiten Gemeinschaftssinn entwickeln, welcher wiederum den sparsamen Umgang mit den Ressourcen der Erde unterstützt. Aufgrund einer emotionalen Sensibilisierung des einzelnen, der Familie und der weiteren, größeren Kreise um das Individuum können wir zu globaler Mitmenschlichkeit gelangen. INNERE LEBENSQUALITÄTEN SUCHEN UND BEWUSST NUTZEN

Dies ist jedoch keinesfalls über den kapitalistischen Wettbewerb, über weitere Steigerungen der Produktivität zu erreichen, denn solches führt irgendwann logischerweise zu ungleicher Verteilung der Ressourcen und daher zu Spannungen, Dissonanzen und keinerlei friedlicher Zukunft. GLOBALISIERUNG EINES GEMEINSCHAFTSSINNS ALS ZIELVORSTELLUNG

Wußte man im Altertum nachweislich um die besonderen Vorteile eines kultivierten Daseins, so beklagte sich der mittelalterliche Nürnberger Schuhmachermeister Hans Sachs schon damals über seine (unsere!) Zeit:

> „Wollust, G'walt und Pracht,
> ich sprach: Was fürdert denn dazu?
> Sie sprach: Das Geld. Ach merk doch du,
> wie Wucher und Betriegerey
> So unverschemdt im Teutschland sey!
> Wer gelt hat, der hat was er will,
> Derhalb so gilt die Kunst nit viel . . ."
> Hans Sachs

*„Eine neue Art des Denkens ist notwendig,
wenn die Menschheit weiterleben will..."*
Albert Einstein

KÜNSTLER ALS ETHISCHE LEITBILDER

Künstler, hier Sänger, sind Baumeister einer besseren, weil sensibleren Welt, einer internationalen, also „grenzenlosen" Toleranz, entgegen aller Schranken im Hinblick auf Rasse, Sprache, politische oder religiöse Zugehörigkeit. Und damit sind Kunst und Künstler auch gegen Diskriminierung von Minderheiten oder Mehrheiten. Unser Gesang kann nicht lügen.

GESANG LÜGT NICHT

*„Worte dagegen sind dazu da,
damit sie die Gedanken verbergen..."*
Der ehemalige französische
Außenminister Talleyrand

*„Da, wo man singt, da laß dich nieder,
böse Menschen haben keine Lieder."*
Volksmund

*„Frieden herrscht zwischen Vater und Sohn,
wenn sie zusammen musizieren (singen)."*
Alte fernöstliche Weisheit

## *Die überzeugende Sprechstimme*

INCENTIVES

In Hochglanzjournalen und einschlägigen Wirtschaftsblättern werden heute oft „incentives" als Ware angeboten: Bei Studienreisen und Wochenendkursen sollen Teilnehmer aus Industrie, Fachhandel oder dem Bankensektor zur „Selbstfindung" aufgefordert werden. In gruppendynamischem Spiel, bei Yoga und Selbstverteidigung, bei Töpferkursen oder Theater-Spielversuchen sollen, wollen und müssen Manager und Führungskräfte Anzug und Krawatte ablegen und in neuer Umgebung mit Ungewohntem Erfahrungen sammeln. Die eigene Gefühlswelt erweitern, kreativer werden, heißt die Parole, um mit physischen und psychischen Belastungen in Berufs- oder Privatleben besser fertig zu werden und in der Folge frische Einfälle gewinnbringend umzusetzen und zu vermarkten. Das heißt, die Wirtschaft setzt bei allem notwendigen Fachwissen zusätzlich immer mehr auf einen abstrakten Bereich oder eben auf ein spezielles menschliches Potential, welches zwar „nur" das „Fingerspitzengefühl" ausmacht, aber doch oft so entscheidend ist. Ungewöhnliches, zumeist nur über nonverbale Kommunikation Vermitteltes entscheidet über „hire" oder „fire", über den erwünschten Aufstieg auf der Karriereleiter – oder das erfolglos endende Einstellungsgespräch.

Der erste Eindruck ist eben leider oft nicht der beste. Doch er kann erheblich optimiert werden, wenn der verbale Inhalt der entsprechenden Aussage auf angenehme, gewinnende und somit erfolgreiche Weise durch guten Stimmsitz beim gesprochenen Wort gestützt wird. Der gute Ton macht oft die Musik bzw. die sympathische Bewerbung – oder aber er baut zwischen den Gesprächspartnern eine Wand auf.

HIRE OR FIRE

Die gute, vollklingende und damit überzeugende Sprechstimme muß kein Zufall sein und bleiben. Sie ist zwar nicht ganz identisch mit unserer Gesangstimme, doch Tonloses wird auch als solches wahrgenommen und führt auf Dauer zu keinem positiven Ergebnis. Tonloses Sprechen vermittelt Schwäche und damit einen Mangel an Führungsqualität. Zur rhetorisch geschickten Argumentation kann es allerdings – zeitweise bewußt eingesetzt und analog zu Gesprächspausen – beim Gesprächspartner oder Zuhörer Spannung erzeugen und damit wesentlich auf den Ausgang eines Gespräches Einfluß nehmen. Doch darf dies nicht die einzige Farbe der Sprache bleiben, die angeboten wird.

DER GUTE TON BEI BEWERBUNGSGESPRÄCHEN

Dem guten, gewinnenden, auf natürliche Weise zwerchfellgestützten und damit auch überzeugenden Ton wendet sich der Angesprochene gerne zu. Dieser Ton erzeugt in ihm ein Wohlgefühl und eine Akzeptanz, welche in hohem Maße zum Erfolg einer Unternehmung beitragen kann. Der gesunde Ton gibt dem Antragsteller, dem Vortragenden Sicherheit, Glaubwürdigkeit und Selbstvertrauen, was einen besseren Eindruck hinterläßt, im Unterschied zum Wettbewerber, dessen Ton eventuell so gar nicht zu seiner noch so fundierten verbalen Aussage paßt. Mit achtunddreißig Prozent wiegt der Einfluß der Stimme bei Geschäftsverhandlungen etwa fünfmal soviel wie das verbale Argument mit sieben Prozent – ergaben amerikanische Studien.

VERBALE UND NONVERBALE KOMMUNIKATION BEI GESCHÄFTSVERHANDLUNGEN

Demosthenes ging zur Zeit der alten Griechen noch an den Strand, um seine Stimmkraft im Wettstreit mit dem Rauschen der Meeresbrandung zu stärken. Wir haben heute die Möglichkeit, unser Stimmvolumen und unsere körperliche Bereitschaft zugleich mit unserem Atem über ein spezielles Training zum großen, schönen Ton zu schulen. Dabei spielt es keine Rolle, ob

STÄRKUNG DER STIMMKRAFT

wir unsere Stellung als Vorstandsvorsitzender tonlich überzeugend verteidigen wollen, im Gesangverein oder im Kirchenchor etwas für unser Ego, für unsere Gesundheit tun möchten oder – mit wesentlich intensiverem, auch langjährigem Einsatz – den professionellen Weg einschlagen, das heißt – mit der Singerei Geld verdienen wollen.

## *Richtig atmen – besser leben*

DER KLEINSTE GEMEINSAME NENNER

An unseren Schulen wird gemessen, gewogen, verglichen und analysiert. Auf allen nur erdenklichen Gebieten werden Höchstleistungen gefordert oder andererseits kleinste gemeinsame Nenner als nivellierende Aktionsparameter angestrebt. Die Lehrpläne der Bildungsanstalten kümmern sich um das Denken – das Wollen jedoch wird auf materielles Streben ausgerichtet. Doch das Fühlen, die Emotion, erfährt keinerlei oder nur eine geringfügige Ausbildung. Wir nähern uns beim Ausführen unserer Tätigkeiten hoher technischer Präzision und verdrängen die eigentliche Daseinsfrage: Wie werde ich menschlich? Wie kann ich mich als organisches Wesen mit der höchsten Intelligenz und meiner einzigartigen spezifischen Gefühlssphäre im Hinblick auf lebensrelevante Notwendigkeiten körperlich, geistig und vor allen Dingen emotional weiterbilden (vervollkommnen)?

WIR DEGENERIEREN

Schon durch stundenlanges Sitzen während der wichtigsten Entwicklungsjahre – sei es in Schulräumen, sei es vor dem häuslichen Computer oder dem Fernsehgerät – verkümmert die wichtigste Lebenstätigkeit, die Atmung. Mit ihr erschlafft auch die Stimme. In Deutschland hat heute jeder zwölfte Probleme damit und konsultiert – wenn überhaupt – Phoniatriker oder Pädaudiologen. Zwischen acht und neun Prozent der Bevölkerung leiden aufgrund unnatürlicher und daher überanstrengender Lautgebung unter Heiserkeit. Trotz unseres enormen Wissensstandes verlieren wir also in zunehmendem Maße wesentliche vitale Kräfte unserer menschlichen Natur, wir degenerieren. Darüber hinaus sind wir auf diese Weise in unserer Ganzheit nicht mehr im Gleichgewicht, wir vermissen unsere seelisch-körperliche Harmonie.

UNGENÜGENDES, FALSCHES ATMEN VERRINGERT DIE VITALKRÄFTE

Durch erfolgreiche Leitfiguren ausgelöst, gab es in letzter Zeit erfreulicherweise einen deutlichen „Boom" beim Freizeitsport. Und daher fragt die vergängliche Mode nach schönen, jungen, "bodygestylten" Erfolgsmenschen, so daß sich leider auch diesbezügliche Aktivitäten in gewisser Weise einer materialistischen Denkweise unterordnen. Allgemeines Lernziel in den Schulen und öffentliche Selbstverständlichkeit sind damit vom jeweiligen Zeitgeist, der über die Medien vermittelt wird, abhängig. Breite Teile unserer Bevölkerung schaffen es aber nicht einmal mehr, optimal zu atmen.

ATEM IST NAHRUNG

Richtiges Atmen und Sprechen oder Singen – nämlich am oberen Ende der körperinwendigen Luftsäule – wird nirgendwo öffentlich propagiert und auch nicht in Schulen unterrichtet. Wir holen ja alle mehr oder weniger regelmäßig Luft – meinen wir –, sonst würden wir wohl kaum überleben . . . Richtig, doch ist gutes und schlechtes Atmen vergleichbar mit richtiger und mangelhafter Ernährung. Und für letztere gibt es bereits seit langem einen anerkannten und öffentlich agierenden Zweig der Wissenschaft, welcher auch Essensgewohnheiten beeinflußt und Diäten vorschlägt.

VERÄNDERN WIR UNSERE SCHLECHTEN ATEMGEWOHNHEITEN

> Wir unterscheiden:
> 1. Die Hoch- oder Brustatmung (Clavikularatmung)
> 2. Die Flanken- oder Rippenatmung (Costalatmung)
> 3. Die Zwerchfell- bzw. Bauchatmung (Abdominalatmung)

Eine Mischung aus Costal- und Abdominalatmung bringt die größte Luftmenge in die Lungen und gleichzeitig die notwendige Lockerheit unserer Halsmuskulatur, also auch des Kehl-

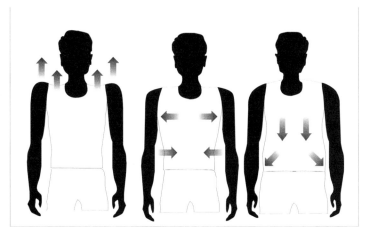

*links: Clavikularatmung   Mitte: Costalatmung   rechts: Abdominalatmung*

kopfs. Alle sängerische Anstrengung wird damit von den Stimmbändern weg auf den Körper verlagert. Und diesen können wir alle durch ein bestimmtes Training beherrschen lernen. Darüber mehr in den Kapiteln über Atmung und Singen ab Seite 66.

Sofort nach der Geburt atmen wir noch richtig. Auch unsere Lautgebung ist artgerecht perfekt. Ganz automatisch, genetisch überliefert, also unbewußt. Wir bevorzugen dabei die Bauch- und Flankenatmung.

*Die natürliche Bauch- und Flankenatmung und der gleichzeitige Gegendruck des Unterbauches zum Schrei oder „Gesang".*

Beobachten wir das Neugeborene, wenn es auf dem Wickeltisch liegt. Seine Bauchdecke arbeitet sichtlich und demonstriert dabei den Rhythmus der Atmung, der jetzt vom Kohlensäure- und Sauerstoffaustausch, aber auch schon von der jeweiligen Stimmungsschwankung, den Emotionen, abhängig ist. Beginnt das Kind zu schreien, Töne zu produzieren, so spannt es seinen Unterbauch, drückt den Oberbauch nach unten und außen, um das Zwerchfell (Diaphragma) zu aktivieren, welches sich inwendig und für uns unsichtbar durch Abflachen seiner Kuppel nach unten wölbt. Es verschafft den Lungenflügeln Raum und dadurch optimal Platz für die Luftmenge und Energie des darübersitzenden „Gesangs" oder Schreis.

DEKADENZ UND IHRE FOLGEN

Bald schon, wenn das Kleinkind gehen und sprechen lernt, ist es üblicherweise den Einengungen unseres unnatürlichen, sozusagen „antiartgerechten" Lebens unterworfen. Es „drückt" die Schulbank, sitzt in Verkehrsmitteln und vornübergebeugt vor dem Computer. Allabendlich versinkt es fernsehend in viel zu verweichlichenden Polstermöbeln und wird durch eine Seifenopernserie „entertained". Das Resultat sind Haltungsschäden, mangelhafte Durchblutung aufgrund von ungenügender, weil falscher Atmung, Leistungsabfall, weitere Degeneration und persönliche Unzufriedenheit mit nachfolgenden Ersatzhandlungen. Als Endergebnis führt dies nicht selten zu Existenzfragen, Lebensuntüchtigkeit und Kriminalität.

Wir geben unserem Papagei Sprachkurse und bringen den gelben Kanarienvogel in die Tierhandlung zurück, weil er partout nicht singen will. Auf der anderen Seite hemmen wir den natürlichen Rede- und Singdrang unserer Spezies in der engen Hochhauswohnung ohne Lärmschutz und im dichtgedrängten öffentlichen Leben.

DIE ANTIARTGERECHTE ERZIEHUNG

In Wirklichkeit wäre es doch gar nicht so kompliziert. Warum also wollen wir uns atemtechnisch immer weiter so mangelhaft mit Sauerstoff ernähren? Und bei langem Sprechen oder unseren Singversuchen heiser werden?

## *Grundlagen des Singens*

Zum Atmen, Singen und Sprechen benötigen wir ausreichend Luft. Diese Luft versorgt gleichzeitig auch unseren Organismus, unsere Körperzellen mit Sauerstoff, welcher für die Oxidation der Stoffe, für die Verbrennung unserer Nahrung, also für den Erhalt unseres Lebens zuständig ist. In unserem Kehlkopf sitzen die Stimmbänder, die Tonerzeuger, die dann frei schwingen, wenn sie auf der eingeatmeten und durch das Zwerchfell („den Bauch") langsam dosiert zum Ausströmen freigegebenen Luft(säule) ohne übermäßigen Druck von unten vibrieren können.

WIR BRAUCHEN LUFT

Ein stimmlicher Mißton, ein Krächzen, Quetschen, Näseln, ein schriller oder kehliger Ton wird durch diese Kontrolle verbessert. Beim Könner geschieht diese Atemführung später unbewußt, zusammen mit der tonlichen Positionierung und einer lockeren Halsmuskulatur. Der Mundinnenraum wird zu einem (gähnenden) Klanggefäß geöffnet.

ATEMKONTROLLE

Das ist alles leicht gesagt und doch in der Regel mit recht langwieriger Trainingsarbeit verbunden.

DER SITZ DER STIMMBÄNDER
(TONERZEUGER)

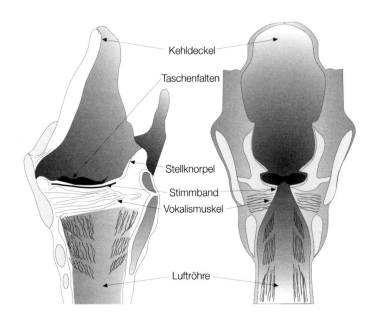

FALSCHE ATMUNG FÜHRT
ZU FALSCHEM STIMMSITZ

Der schlechte Stimmsitz ist oft ein Ergebnis ungenügender, weil falscher Atmung und läßt am Ende sogar auf einen unausgeglichenen, unfertigen Menschen schließen.

> Ein Atemtraining ermöglicht:
> 1. Eine gründlichere Sauerstoffversorgung beim Einatmen, eine Entsorgung von Kohlensäure beim Ausatmen sowie eine bessere Durchblutung und daher Vorbeugung gegen oder Entschärfung von gesundheitlichen Schäden.
> 2. Überzeugende Ausdrucksfähigkeit als Ergebnis eines gesunden, natürlichen Stimmklangs.
> 3. Aus beiden resultiert ein Wohlbefinden, eine Harmonie in uns, die sich dann im weiteren Sinne in einem friedlichen Zusammenleben, also auch in Toleranz und Mitmenschlichkeit offenbart.

ÜBER UNSEREN
ATEMRHYTHMUS KÖNNEN
WIR SELBST BESTIMMEN

Mit unserem Atem können wir tatsächlich allerhand anstellen. Kontrollieren wir uns doch einmal selbst: Wir können ihn beschleunigen, zu viel und zu oft Luft holen (hyperventilieren); beim Gegenteil, bei Atemnot, fehlt es uns an Sauerstoff bei gleichzeitigem Übermaß an Kohlensäure. Ruhiges Durchatmen beruhigt die Zornigen, Aggressiven, das Denken wird klarer, und Entscheidungen werden „überlegter".

Da wir das gesamte Instrumentarium, unseren Körper, ständig mit uns herumtragen, ist die richtige Atemführung, die tiefe Bauch- und Flankenatmung, jederzeit und kostenlos und überall praktizierbar. Wir müssen dies nur wollen und beim Luftholen keinesfalls die Schultern hochziehen.

RICHTIG ATMEN KOSTET NICHTS

Die sogenannte Schulteratmung führt zu gar keiner Vergrößerung der Luftmenge, weil sich die Lungenflügel organisch nicht nach oben ausdehnen können. Im Gegenteil, mit dieser hilflosen und in der Natur ganz unbekannten Aktion verkrampfen wir unter anderem die Halsmuskulatur und behindern damit die Stimmgebung. Der Hals darf beim Sprechen und Singen durch nichts belastet werden.

NUTZLOSE SCHULTERATMUNG

> Wir atmen dann richtig, wenn sich unsere Lungen und Flanken beim Luftholen durch die Nase bei vorerst noch geschlossenem Mund füllen, und nur, wenn wir unsere Schultern nicht anheben und den Kopf dabei ganz locker hin und her bewegen können.

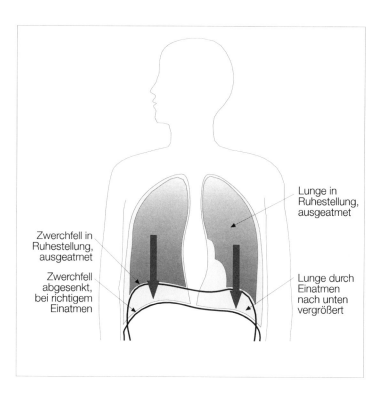

*Beim Einatmen dehnen sich die Lungenflügel nach unten aus, das Zwerchfell senkt sich.*

**DER GLEICHMÄSSIGE LUFTDRUCK IM UNTERBAUCH**

Das ökonomischste Singen geschieht immer dann, wenn der Oberbauch nicht eingezogen wird und wenn die gesamte bei der Tonproduktion involvierte Brust-, Bauch- und Flankenmuskulatur den größtmöglichen Raum in unserem Körper aufschließt. Die Spannung in unserem Unterbauch hält einen gleichmäßigen Luftdruck – den subglottischen Druck – das heißt, auf diese Weise wird eine gleichförmige Minimalluftabgabe von unten in Richtung Kehlkopf und damit zu den Stimmbändern gewährleistet.

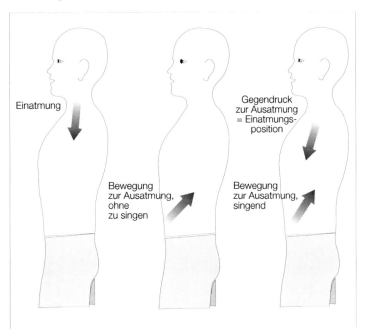

**RASCHES EINATMEN**

Wird beim erwünschten fließenden Singen und Sprechen unsere Ausatmung willentlich in die Länge gezogen, so muß das Einatmen oftmals ziemlich rasch und geräuschlos vonstatten gehen.

Das *Atemholen* durch die Nase und bei geschlossenem Mund ist lediglich ein Idealfall und in Sprech- und Gesangsübungen wichtig, um die einzelnen Körperfunktionen auf natürliche Weise zu koordinieren. Der Profi wird dann beim Singen und Sprechen eher *sowohl durch die Nase als auch durch den Mund* einatmen. Beim Einatmen durch die Nase allein hätte er oftmals nicht genügend Zeit, denken wir an vorgegebene lange Gesangslinien mit relativ kurzen Atempausen.

Über die gesamte Dauer des fließenden Satzes der Rede oder der Linie der Gesangsphrase benützen wir im Idealfall den gleichmäßigen (subglottischen) Luftdruck von unten aus unseren Lungen in Richtung unserer Stimmbänder. Verändert sich dieser Druck, so werden die Qualität und die Intensität unseres produzierten Klanges (negativ) beeinflußt.

Italienische Gesangspädagogen prüften früher den sängerisch optimalen Ausatmungsluftstrom mit Hilfe einer brennenden Kerze vor dem Mund des Schülers. Denn stärkeres Flackern oder Erlöschen der Flamme zeigt die ungenutzt entströmende Luft an und ist so gleichzeitig der Beweis für eine mangelhafte Gesangstechnik.

EIN TEST ZUR RICHTIGEN AUSATMUNG BEIM SINGEN

*Bei richtiger Atemtechnik flackert die Kerze nicht, wenn der Schüler singt. Atmet er falsch, so flackert oder erlischt die Kerze.*

falsch   richtig

Das heißt, wir erhalten optimale Möglichkeiten für die Modulationsfähigkeit unserer Sprech- und Gesangstimme nur bei konstanter Minimal-Ausatmungsluft. Und bevor uns diese im Stich zu lassen droht, atmen wir erneut und willentlich ein. Und nicht zuviel, denn sind wir mit Luft vollgepumpt, so verhindert dies die Flexibilität unseres Zwerchfellmuskels.

Diese Art des bewußten Atmens hat mit der unbewußten Atmung gemein, daß uns beide gleichzeitig mit Sauerstoff versorgen. Die unbewußte Atmung wird allerdings (außerhalb unseres Willens) durch die Anreicherung unseres Blutes mit Kohlensäure gesteuert, welche auf diese Weise die Einatmungsmuskulatur aktiviert.

Ein großer Teil der eingeatmeten Luft bleibt beim Ausatmen als sogenannte Restluft in den Lungen erhalten. Würden wir alle Luft (unter Druck) nach außen abgeben, so „implodierten" unsere Lungenflügel. Wir könnten uns dann nicht mehr aufrecht halten und klappten im wörtlichen Sinne „wie ein Taschenmesser" zusammen.

PRAKTISCHE ÜBUNGEN

Nehmen wir uns Zeit für die praktischen Übungen! Atmen wir tief, aber nicht zu viel Luft in Bauch und Flanken, wenn wir vor dem Computer sitzen oder die täglichen Katastrophennachrichten im Fernsehen konsumieren. Denken wir einfach ganz bewußt an das optimale Atmen, nehmen wir immer wieder ein paar tiefe „bauchige" Züge frischer Luft und erleben wir mit Hilfe dieses unkomplizierten „Tricks" eine Art kostenlose „Selbstfindung" . . .

> Wir spüren, wie sich neue Energie in uns aufbaut. Unsere Konzentration verdichtet sich. Harmonie, Freude und Glücksgefühle stellen sich ein, Alltagsprobleme werden als lösbar oder vergänglich erkannt. Unsere Umwelt bewundert die Aura der Zufriedenheit, die uns umgibt, und unser positives Bild im Spiegel zeigt einen neuen Menschen . . .

## *Der Stimmklang als Informationsträger*

JEDER IST ZUM SINGEN GEBOREN

Mit dem aufrechten Gang unserer hominiden Vorfahren vor etwa dreieinhalb Millionen Jahren begann sich der Kehlkopf immer weiter zu entwickeln. Aus seiner ursprünglichen Position sank er stetig nach unten, so daß sich die Natur dabei einen idealen Resonanzraum für Laute und Töne in Mundhöhle und Rachenraum schaffen konnte. Die Mundhöhlendecke krümmte sich immer mehr nach oben und erweiterte auf diese Weise das für den Klang der Stimme notwendige Ansatzrohr, wie wir den Kehl-, Rachen- und Mundraum heute bezeichnen. Unsere tiefe Kehlkopfposition ist die morphologische Voraussetzung für die Vokalbildung. Deshalb sind wir alle talentierte „Singvögel", was die gemeinsamen organischen Fähigkeiten unserer Spezies anbetrifft.

AM ANFANG WAR KEIN WORT

Die Natur hat in ihrem Evolutionsprozeß zuerst den Ton erfunden – und erst sehr viel später schenkte sie uns das „babylonische Sprachenmißverständnis".

Die etwa eine halbe Million Jahre alten Spuren von Muskelansätzen an menschlichen Knochenfunden lassen exakte wissenschaftliche Rückschlüsse über den Gebrauch des damaligen Kehlkopfs zu.

DAS WORT IST ACHTZIGTAUSEND JAHRE ALT

Zuerst gab es tage- und nächtelange gesangliche (nonverbale) Kommunikations- und Balzwettbewerbe, erst viel später, seit

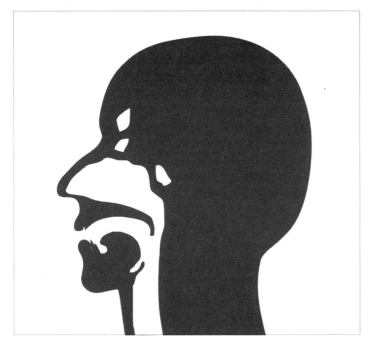

*Die übliche Darstellung des Ansatzrohres enthält Kehl-, Rachen-, Mund-, Nasenraum und Stirnhöhlen, hier weiß dargestellt (im Unterschied zum variablen Ansatzrohr, das Kehl-, Rachen- und ganz speziell den Mundraum umfaßt – siehe auch Grafik Seite 68).*

ungefähr achtzigtausend Jahren, reden die Leute andauernd aneinander vorbei . . . Diese phylogenetische Entwicklung im Zeitraffertempo läßt sich heute noch beim Säugling beobachten.
Aber wenn das Kind zu sprechen beginnt, setzt sein begriffliches, messendes Denken ein und entfernt es leider zusehends von der Möglichkeit, mit seinen Emotionen, der Imagination und folglich der so wunderbar daraus erwachsenden Phantasie und Kreativität umzugehen. Die offensichtlich naturgewollte Fähigkeit, Gefühle wie etwa Trauer, Freude oder Ekstase usw. durch den Gesang körperlich mitzuteilen, verliert sich zugunsten der um Worte ansuchenden Ratio und macht uns deshalb oftmals stumm und depressiv. Das Denken schuf zwar die Philosophie, den Rationalismus und die instrumentelle Vernunft, doch gibt es viele wichtige Erfahrungsbereiche, die außerhalb der Rationalität stehen und uns doch essentiell berühren. Denken wir in diesem Zusammenhang auch an Konzert und Oper.
Der Klang der menschlichen Stimme transportiert eine Vielzahl

DAS MESSENDE DENKEN

STIMME UND SEELE

von Informationen, von denen unser holpriger und daher ungenügender Wortschatz nur träumen kann. Der individuelle Stimmklang aber erzeugt beim Zuhörer graduell Sympathie oder Abneigung, und beides wird durch die Gefühlssphäre, also auch den körperlichen und seelischen Zustand des Stimmbesitzers, mitgeprägt.

Die Oper oder das Konzert profitieren von der Musik, vom Gesang, im Unterschied zum gesprochenen Wort beim Schauspiel.

„. . . *daß die edle Musik eines großen Meisters den Leistungen selbst gering begabter dramatischer Darsteller einen idealen Zauber verlieh, welcher auch den vorzüglichsten Mimen des rezitierenden Schauspiels versagt war; während andererseits ein ächtes dramatisches Talent selbst eine gänzlich werthlose Musik so zu adeln vermochte, daß wir von einer Leistung ergriffen waren, welche demselben Talente im rezitierenden Drama nicht gelingen konnte. Daß diese Erscheinung nur aus der* Macht der Musik *erklärt werden mußte, war unabweislich."*

Richard Wagner: Über die Bestimmung der Oper

Der Klang der menschlichen Stimme hat also eine große Bedeutung. Selbst am Telefon ermöglicht er die Identifikation der jeweiligen Person, erlaubt Rückschlüsse auf Alter, Geschlecht, regionale Zugehörigkeit, soziale Stellung, Bildung, Gemüts- und Gesundheitszustand.

GESTALT UND STIMME

Die Stimme und die Gestalt eines Menschen stehen auch in einem bestimmten Verhältnis zueinander. Selten bemerken wir, daß das Äußerliche, das Gesamtbild eines Menschen nicht zu seiner Stimme paßt. Und entdecken wir dies bei uns selbst, dann ist vielleicht unser Gefühlsleben nicht in Ordnung und spielt der Stimme einen üblen Streich. Dann droht es uns am Ende gar die „Brust zu zerreißen" oder die „Gurgel zuzuschnüren". Und das ist dann vielleicht schon wieder dieser vermaledeite „Werther-Bazillus" . . .

DIE RESOZIALISIERUNG

Stimmlicher Klang kann uns euphorisch mitschwingen lassen, aufrütteln oder sogar verärgern. Die aus dem Stimmklang resultierenden Emotionen funktionieren im Leben wie ein Leim, welcher uns zusammenhalten und so gegebenenfalls auch resozialisieren kann und soll. Es müssen eben nur die richtigen und bewußt gewählten positiven Gefühle im Angebot sein.

Die künstlerische Darbietung und der professionelle Gesang müssen also ein positiv verändertes Publikum entlassen, will sich die Kunst in den Dienst von Individuum und Gemeinschaft stellen.

*„Wenn wir aber den römischen Dichter Horaz hören wollen; so fordert er nicht allein die Ergetzung, sondern auch die Erbauung des Zuschauers."*
Aus Gottsched: „Versuch eines Beweises, daß ein Singspiel oder eine Oper *nicht gut seyn* könne".

*„Mne tulit punctum qui miscuit utile dulci,*
*Lectorem delectando pariterque monendo."*
*„Der wird vollkommen seyn, der theils ein lehrreich Wesen,*
*und theils was lieblich ist, durch seinen Vers besingt*
*zum Theil dem Leser nützt, zum Theil Ergetzung bringt."*
Horaz in der Übersetzung von Gottsched

## *Harmonie*

Unserem PC können wir einiges anvertrauen, aber ansonsten berührt ihn kein Gefühl in seiner Elektronik, in seiner noch so ausgeklügelten, kühl instrumentellen Logik: Er ist und bleibt in seinem Gebrauch ein Assistent der Rationalität, der messenden Sprache. Der gravierende Unterschied zwischen Gesang und Sprache und damit auch der jeweiligen Schrift ist, daß sich Sprache und Schrift auf unsere reale Welt mit ihren von der jeweiligen Gesellschaft gefundenen und festgelegten Begriffen und Symbolen stützen, während uns das Singen, die Melodie, eine emotionale Welt vermittelt.

Falls wir dazu verbal in der Lage sind und einige unerhebliche Sachkenntnis mitbringen, dann wird unser Computer die Adaption unserer Sprache, das schriftliche Ergebnis unseres Rationalismus nach allen Regeln seiner Programmierung und Software bearbeiten. Auch dabei drückt er aber nichts anderes aus als einen Teil unserer menschlichen Kreativität. Um jedoch die ganze Bedeutung unserer Erfahrungen begreifen zu wollen, sollten wir uns besser auch aller anderen Sichtweisen bedienen, denn: Durch die Vorherrschaft der Rationalität wird uns die Verfügbarkeit umfassenden Wissens durch die Sprache allein, also auch die der Schrift im PC, letztendlich nur „eingeredet".

Der Mensch lebt bekanntlich nicht vom Brot allein. Wir alle halten uns *auch* durch emotionale Nahrung am Leben, indem wir

DIE VORHERRSCHAFT DER RATIONALITÄT

WORIN BEGRÜNDET SICH UNSERE ANATOMIE

sie ständig und oft unbewußt mit unserer Umgebung austauschen. Sigmund Freud irrte offenbar, als er annahm, Anatomie sei ein völlig irreparabler, genetischer Schicksalsschlag.
Anatomie ist nicht allein eine Fülle von physiologischen Formeln, sondern auch ein lebenslanger dynamischer Prozeß, den wir selbst ganz entscheidend beeinflussen können, wenn wir uns auf unsere natürlichen Anlagen besinnen. Die wiederentdeckte Stimme ist eine davon.

> Anatomie resultiert:
> 1. aus dem Genetischen, also Ererbten,
> 2. aus dem Sozialen, das uns in unserer Kindheit geprägt hat, und
> 3. aus dem, was wir selbst in eigener Verantwortung mit unserem Leben anstellen.

WOHLLAUT DER PSYCHE

Jedes Gefühl wird durch einen vorausgegangenen Reiz ausgelöst. Bei entsprechendem Wohlbehagen beurteilen wir diesen Reiz positiv, denn auf die Befriedigung eines Bedürfnisses folgen Entspannung, physische und psychische Harmonie in uns und, bei Austausch, in anderen Menschen. Der Reiz, den ein wohllautender Gesangston sowohl beim Sänger als auch beim Zuhörer entstehen läßt, erzielt als harmonisierender Auslöser heilendes Wohlbefinden. Denn Dissonanzen auf Dauer und unaufgelöste Spannungen sind nichts anderes als unbefriedigte, behinderte Bedürfnisse und stören die sogenannte *Homöostase*, das Gleichgewicht in unserem Körper. Dann sind wir oder werden wir bei andauernder Belastung krank.

STÖRUNGEN DER HARMONIE

Die Störung der Harmonie im Leben bedeutet oder führt zu Krankheit. Bei den „alten" Chinesen bekämpfte man Krankheit durch eine harmonische Form des Daseins, durch einen Ausgleich zwischen Yin und Yang. Man „heilte" schon den Gesunden präventiv – durch Ableiten oder Eliminieren seiner belastenden Gefühle.
Ist die Wiederherstellung von Harmonie im Menschen nicht möglich, so folgen die bekannten Symptome von Frustration, Aggression, eine Fülle von Neurosen und im günstigsten – intellektuellen – Fall (als eine Art „Ventil") Humor, Ironie oder Satire.

DER QUANTIFIZIERBARE NUTZEN

In unserer spätkapitalistischen Neuzeit ist leider alles auf den quantifizierbaren Nutzen ausgelegt, doch stellt sich die durchaus sinnvolle Frage ganz von selbst: Nützt es mir denn nicht, wenn ich mich beim Singen wohl fühle, wenn ich durch meinen Vortrag beim Zuhörer seelische und damit auch körperliche Befriedigung erzeuge?

*„Mehr als die Schönheit selbst*
*bezaubert die liebliche Stimme;*
*jene zieret den Leib;*
*sie ist der Seele Gewalt."*
   Johann Gottfried von Herder

# Singen, Theorie und Praxis

## *Die Voraussetzungen*

DAS TALENT
Kann man denn beim Singen über ein ererbtes Talent diskutieren? Die Phoniatrische Abteilung der Universität Freiburg im Breisgau hat eindeutig nachgewiesen, daß Felix Bernsteins Annahme, die Singstimme vererbe sich nach den Richtlinien des zu Beginn dieses Jahrhunderts so heftig diskutierten Mendelschen Quadratwurzelgesetzes, absolut falsch ist. Denn vom genetischen und genphysiologischen Gesichtspunkt aus müssen individuellere, kompliziertere Elemente zusammenwirken, um einen Domingo oder eine Leonie Rysanek hervorzubringen. Und das ausgebildete Singen ist zunächst nichts anderes als berufssportliche Schwerstarbeit.

### VOM SINN ODER UNSINN DES BERUFLICHEN SINGENS

MESSMETHODEN
Hat jeder Mensch zunächst einmal die Möglichkeit (Pflicht), seine stimmlichen Fähigkeiten zu trainieren und zu optimieren, so erlauben uns die Untersuchungsmethoden der modernen Wissenschaft genauere Prognosen über den Sinn oder Unsinn, beruflicher Sänger werden zu wollen. So können wir etwa unsere Lungenkapazität messen lassen, den Bau unseres Kehlkopfs, die Länge, Dicke und damit auch die Belastbarkeit unserer Stimmbänder sowie die Struktur der Tonschwingungen bei unserer Vokalbildung.

Zur Verfügung stehen Verfahren wie die Laryngoskopie, die Röntgentomographie, die Stroboskopie, die Elektromyographie, -glottographie und eine weitere Vielzahl elektroakustischer Untersuchungsmöglichkeiten mit Darstellungen von Ergebnissen auf Videofilmen oder in Computeranalysen.

> Mit der sogenannten Stimmfeldmessung läßt sich unser Lautstärkeausschlag erkunden. Damit wird unser Tonumfang sowie die minimale und maximale Intensität unserer Stimme aufgezeigt.

ZUM SINGEN GEBOREN?

Obwohl jeder Mensch zum Singen geboren ist, sollte also nicht jeder ein professioneller Sänger werden wollen. Da gibt es schon von der Natur noch einmal besonders begünstigte Berufssängerschädel und -hälse, die einen weiten Hals-, Nasen- und Rachenraum (das Ansatzrohr) für den großen Klang mitbringen. Was unsere stimmphysiologischen Möglichkeiten zum beruflichen Singen anbetrifft, werden uns die untersuchenden Fachleute eindeutige Ergebnisse liefern können, doch das ist noch lange nicht alles.

Ganz sicher benötigen wir für diesen körperlich sehr anstrengenden Beruf die kämpferische Statur eines Athletikers aus der deutschen Charakterkunde von Kretschmar. In der französischen Beschreibung heißt jener „Atmungstyp" und ist als solcher vom Namen her viel besser für unser Vorhaben geeignet. Denn neben athletischer Kraft werden wir bewußt mit Atemluft umgehen müssen ... und andauernd „verschnupft" dürfen wir schon gar nicht sein! Leider stören sich der athletische Atmungstyp, der das „Handwerkszeug" liefert, und der Künstlertypus. Zumindest in der Wissenschaft ...

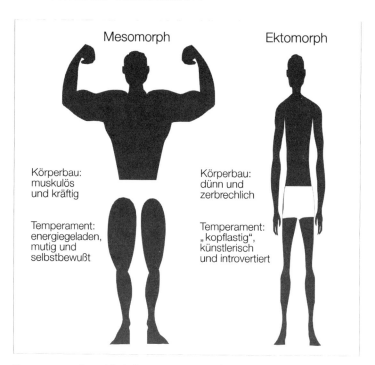

*Der mesomorphe, athletische „Atmungs-" und der ektomorphe „Künstlertyp".*

Hören wir, was der Bayreuther Meisterkomponist in diesem Zusammenhang über den Talentbegriff zu sagen hat – und wie er sich selbst dabei offensichtlich ausklammert:

*„Das, was wir mit Bezug auf die Ausbildung von Kunstfertigkeit in der modernen Welt Talent nennen, ist dem Deutschen im allerhöchsten Grade, ja fast gar nicht zu eigen, wogegen es als natürliche Begabung den lateinischen Völkern . . . in größter Ausbreitung angehört . . ."*

Richard Wagner: Über die Bestimmung der Oper

WIE BESTIMMT MAN MUSIKALITÄT?

Sind wir denn überhaupt musikalisch . . .?
Die sängerspezifische Musikalität ist meßbar. In Gehörprüfungen werden musikalische Strukturen, Rhythmen und Melodien nachvollzogen. Die Hörkurve darf keine sogenannte Senke (kein Loch) aufweisen. Sie soll bis zu einer Frequenz von 3000 bis 4000 Hertz ansteigen, um anschließend nur leicht abzufallen.

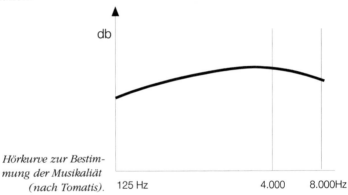

*Hörkurve zur Bestimmung der Musikaliät (nach Tomatis).*

Das italienische Hören (siehe auch Grafik Seite 24) kommt dem musikalischen Ohr am nächsten.
Im sogenannten Seashore-Test sind es sechs Parameter, die die Musikalität bestimmen: Intonation, Lautstärke, Rhythmus, Zeitgefühl, Klangqualität und Merkfähigkeit.

FÖRDERUNG DER MUSIKALITÄT IN DEN KINDHEITSJAHREN

In sehr frühkindlichen Jahren kann man eine gewisse verstärkte Entwicklung des zerebralen Neokortex (jüngste Hirnmasse) anregen, indem man Neigungen des jungen Menschen weckt und fördert. Langjährige empirische Beobachtungen des Autors bestätigen seine Vermutung, daß sich die Aufnahmefähigkeit für die zum erfolgreichen Singen unbedingt notwendige Musikalität degressiv zum Alterungsprozeß des Menschen verhält.

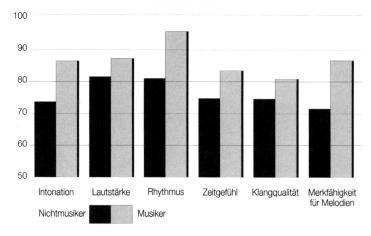

*Der Seashore-Test: Die Unterschiede in der Musikalität von Musikern und Nichtmusikern sind deutlich.*

> Bis zum vierten, fünften Lebensjahr sind Kinder in der Lage, das sogenannte *absolute Gehör* zu erlernen. Diese Möglichkeit verkümmert mit dem Älterwerden.

Die oft identische Vita der ersten Kindheitsjahre berühmter Musiker aller Zeiten sowie neueste Forschungsergebnisse könnten diese Feststellungen erklären. Alle unsere musikalischen Wunderkinder hatten schon recht früh mit Musik zu tun. Sei es, daß die Eltern vor ihren Kindern musizierten oder sangen oder daß die hoffnungsträchtigen Sprößlinge „mozärtlich" zum Klavier gejagt wurden ...

### WAS MAN FÜR DEN SÄNGERBERUF BRAUCHT

- Besitzen wir die ausbaufähige Muskelkraft und Statur, um später „zentnerschwere" Operntöne über den vollbesetzten Orchestergraben bis in die letzte Stehplatzreihe des großen Opernhauses schicken zu können?
- Haben wir genügend Musikalität aus unserer frühen Kinderzeit mitgebracht?
- Können wir schwierige Tonfolgen nachsingen?
- Ist unser Tonumfang so ausbaufähig, daß wir in eine Stimmgattung hineinpassen?

EIN BERUF MIT VIELEN ANFORDERUNGEN

Das sind wichtige Fragen, die sich angehende Gesangseleven stellen müssen.

Für den Sängerberuf brauchen wir unbedingt einen psychischen Schildkrötenpanzer, der uns Tag und Nacht beschützt und alles an uns abgleiten läßt, was uns in Beruf und Privatleben und daher auch beim Singen beeinträchtigen könnte. Und die Stimme muß zu jeder Zeit gesund klingen, selbst wenn wir mit Erfolg einen kranken, gebrochenen Künstler gestalten wollen.

Ist unser Äußeres gut zum Vorzeigen? Passen wir in die Schablone des derzeitigen Schönheitsideals? Sind wir „in"?

Sind wir sympathisch? Seien wir es jedoch auch nicht gleich zu sehr . . . eher zurückhaltend und schwierig. Das fördert die Aura der Unnahbarkeit und hält uns allerhand Dummheit vom Leibe. Intelligenz, Fleiß, Ausdauer und Mut zum Risiko bei nüchterner Bereitschaft zur Planung aller unserer Vorhaben sind sehr wichtige Voraussetzungen, wenn wir ein erfolgreicher, sowohl künstlerisch als auch finanziell bestens lukrierender Gesangsakrobat werden wollen.

Ein intaktes, positiv prägendes Elternhaus ist wünschenswert. Es stärkt den Rücken. Ebenso eine adäquat gute Schulbildung, auch Herzensbildung! Und dann bleiben wir bitte besser allein hinter unseren „Opernklostermauern". Oder wir finden uns ein dienendes, liebendes Geschöpf, das die Sorgen während der Ausbildung und späteren Praxis teilt und das gern mit uns am „angenehm bürgerlichen" Leben vorbeigeht und alles, aber wirklich alles auf den Altar unserer professionellen Gesangeskunst legt.

## *Artgerechtes Atmen und Singen*

### Das richtige Atmen

Die Körperhaltung

> o Wir stehen gerade, aber trotzdem locker.
> o Wir atmen vorerst stets durch die Nase und bei geschlossenem Mund ein.

Wir atmen (richtig) durch die Nase ein, weil uns die Natur mit dem Kehlkopf eine Art Ventil implantiert hat, damit wir den daruntersitzenden Bronchial- und Lungenbereich gegen Fremdstoffe oder versehentlich eindringende Nahrung schützen. Die

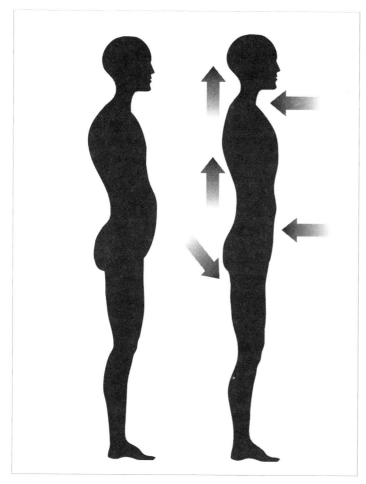

*Die vorbereitende Position zum Singen: links – falsch, rechts – richtig.*

Nase hat dabei die Funktion eines Filters übernommen. Und zum anderen – und für uns Sänger von äußerster Wichtigkeit –, weil dann das Einatmen durch unser Riechorgan zu einem Synchronverhalten mit dem Diaphragma, dem Zwerchfellmuskel, führt, welcher beim Singen oder Sprechen die ausströmende Atemluft in Minimaldosierung nach oben hin abgeben soll.

> Unmittelbar nach dem Einatmen durch die Nase öffnen wir den Mundinnenraum so, als wollten wir gähnen – wir können uns dabei im Spiegel kontrollieren.

DER KEHLKOPF  Der Kehlkopf wird bei diesem Vorgang ganz automatisch tiefgestellt und schafft auf diese Weise eine optimale Öffnung des Raumes in Mund und Rachen. In dieser Öffnung muß es dann zum Klingen oder Tönen kommen. Denn im Kehlkopf oder zwischen den hoffentlich mustergültig schließenden, das heißt beim Singen ganz schnell und reibungslos gegeneinander schlagenden (vibrierenden) Stimmbändern gibt es keine hauptsächliche Resonanz.

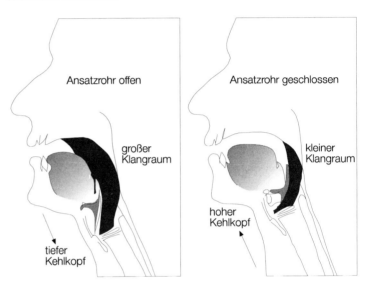

Extrem gegensätzliche Veränderungen des variablen Ansatzrohres, das Kehl-, Rachen- und Mundraum umfaßt, sind Schlucken und Gähnen. Beim Schlucken hebt sich der Kehlkopf, und die organische Empfindung signalisiert uns eine Enge im Hals, während uns das Gähnen eine maximale Weite vermittelt. Diese Vorstellung von Weite ist verbunden mit einem tiefen Kehlkopfstand und eine der Voraussetzungen für den perfekten Gesangston.

DIE STIMMBÄNDER

> Die winzigen Stimmbänder sollen beim Sprechen und Singen überhaupt nicht „arbeiten", sondern mühelos „beschäftigt" sein und damit eben keinesfalls strapaziert werden.

Die Aufgabe unserer Stimmbänder ist es nur, den Anstoß für den Ton zu geben, der im optimal geöffneten Raum des Ansatzrohres zur Blüte kommen soll. Je nach Spannung und Dehnung dieser beiden kleinen Muskeln entstehen hohe oder tiefe Töne. Hohe im oberen Frequenzbereich und tiefere mit weniger Schwingungen der Stimmbänder.

DIE ATMUNG

> o Beim Luftholen keinesfalls die Schultern hochziehen! Diese schlechte Atmung kann das Zwerchfell nicht unterstützen, sie bleibt ineffektiv: Eine dadurch gespannte Hals-, Nacken- und Schultermuskulatur belastet den Kehlkopf und damit auch die Stimmbänder.
> o Natürlich wird der Mund beim Singen geöffnet, aber nicht weit aufgerissen. Gerade so, als würden wir leicht gähnen wollen.
> o Mit dem geöffneten Mundinnenraum bilden wir ein Gefäß.

Dieser Vorgang läßt sich natürlich nur unvollständig beschreiben. Analog zum Sport führen lediglich körperliche Übungen zum gewünschten Erfolg (siehe Seite 85).

*Jetzt versuchen wir einmal beim Einatmen in die Hocke zu gehen und fühlen das Eindringen der Luft bis in unsere Flanken.*

Schlechte Angewohnheiten des falschen oder vernachlässigten Atmens halten so lange an, bis wir das träge Langzeitgedächtnis mit Hilfe unserer Übungen mühsamst umprogrammiert haben.

Das unstete Kurzzeitgedächtnis muß seine identischen Informationen immer wieder und so lange an die Hirnrinde weitergeben, bis jene sich dazu bequemt, endlich umzudenken, bis die gewünschten Informationen in unser Unterbewußtsein „eingegraben" sind. Dies ist das Prinzip des Lernens. Also:

> o Einatmen durch die Nase bis tief in den Körper hinunter.
> o Die Flanken weiten sich, das Zwerchfell senkt sich automatisch nach unten.
> o Wir halten die Luft für einen Augenblick an, bevor wir sie langsam wieder mit einem gefauchten F entströmen lassen.
> o Wir atmen erneut tief ein und öffnen dann den gähnenden Mund zu einem beliebigen „gesungenen" Ton.

DIE VERGESSLICHKEIT    Aus der Geriatrie wissen wir, wie leicht sich ältere Menschen an ihre Kindheit erinnern, während das im Augenblick zu ihnen Gedrungene schon gleich wieder vergessen ist.
Die auf der Hirnrinde fest etablierten frühen Erfahrungen sind auch im Alter zum großen Teil immer noch abrufbar. Für das Kurzzeitgedächtnis zuständige chemische Reaktionen jedoch werden bei älteren Menschen durch die schlechte Durchblutung und damit mangelhafte Sauerstoffversorgung sowie die dann teilweise ausfallenden Botenstoffe (Glutamate) für die Synapsenaktivität beeinträchtigt. Dann gibt es Schwach- oder Bruchstellen in unserer „Elektronik", und dies führt eben auch zu unserer altersbedingten Vergeßlichkeit im Hinblick auf das Kurzzeitgedächtnis. Mehr Verständnis also bitte für jene, die uns damit nur um ein paar Jahre voraus sind . . .

ATEM IST LEBEN    Über das Atmen halten wir uns am Leben. Durch besseres Atmen sicherlich länger und angenehmer. Das Atmen ist die sichtbare kontinuierliche Aktion, die uns mit unserer Umwelt verbindet. Der Atemrhythmus ist eine fundamentale Pulsationsbewegung, die gleichzeitig auch somatische und seelische Aktivität anzeigt. Erinnern wir uns an die Leiden unseres jungen Werther. Mit zerrissener Brust, zugeschnürter Gurgel und stokkendem Atem brachte er sicherlich keinen Ton heraus. Im Gegenteil, er wurde sprachlos und drohte zu ersticken.
Bei schwersten psychopathologischen Fällen werden Verschiebungen des Kehlkopfs und daher solche Erstickungsanfälle diagnostiziert.

Wie sagt doch der Volksmund beschwichtigend und richtig: Erst einmal ruhig durchatmen, dann geht es besser . . .
Wie könnten wir auch singen, wenn uns andauernd die Luft ausginge?

> Der synchron mitarbeitende Zwerchfellmuskel hält nach dem Einatmen die Luft möglichst ruhig und für die Gesangsphrasen zweckdienlich lange in den nach unten gedehnten Lungen.

DAS ZWERCHFELL

Je langsamer, sparsamer und somit kontrollierter und ökonomischer die eingeatmete Atemluft wieder abgegeben wird, um so ergiebiger kann der lange Bogen, die lange sängerische Phrase gesungen werden. Und um so harmonisierender und befreiender erreicht dann der Gesangston den Zuhörer. Dabei wird nur ein Teil der Luft aus den Lungen entleert. Die verbleibende Restluft verhindert ein In-sich-Zusammenfallen des Respirationstrakts.

Das Diaphragma kann man als Laie nicht spüren, daher muß es beim Profi auf Umwegen trainiert werden. Fehlt es diesem Zwerchfellmuskel an Kraft, an Flexibilität, so zeigen sich Veränderungen von Kontraktion und Expansion in unseren pulsierenden Atembewegungen. Ein entsprechendes Training der Atemmuskulatur führt nicht nur zu einer Verbesserung der Atmung, also der Physis, sondern kann auch eine flankierende Maßnahme zur Therapie eines psychischen Schadens sein. Ich erinnere an die im Unterkapitel „Die natürlichste Therapie, der Gesang" ab Seite 33 beschriebene Studie an der Universitätsklinik München.

> Erneut:
> Unsere Atmung läßt sich bewußt (kortikal) durch uns selber steuern und – über ein zum perfekten Singen unerläßliches Trainieren – beherrschen.

ZUSAMMENFASSUNG

Zwischen Atmung, Stimmgebung und Lautbildung im sogenannten Ansatzrohr existiert ein natürliches, unmittelbares Abhängigkeitsverhältnis. Auch das Gehör des Rezipienten ist über das Zentralnervensystem mit der Kehlkopffunktion, der Atmung und anderen wichtigen Funktionen unseres Körpers verbunden.

> Versuchen wir es jetzt noch einmal.
> Wir stehen gerade, atmen locker, unverkrampft und tief durch die Nase ein – Vorsicht, nicht die Schultern hochziehen! Jetzt geben wir die Luft aus unseren Lungen ganz langsam wieder ab. Vorsicht, die hochgezogenen Schultern würden nicht nur falsches Atmen begünstigen, sondern auch die Halsmuskulatur belasten.

Alles im Kopf- und Halsbereich *muß* (!) so locker wie möglich bleiben, sonst fällt die „Arbeit" auf die beiden zierlichen Stimmbänder zurück. Und die sollten am besten nur vibrieren und nicht gleichzeitig strapaziertes Ventil spielen müssen. Außerdem klingt dann auch der Ton nicht gut. Falsches Singen nutzt ganz schnell ab und überträgt sich auch als unangenehme Empfindung auf die leidenden Zuhörer. Buhrufe und andere Mißfallenskundgebungen vernichten dann den erbarmungswürdigen Mimen ...

## *Das Training der wichtigen Muskulatur*

ÜBUNG ZUR STÄRKUNG DER FÜR DAS SINGEN ERFORDERLICHEN MUSKULATUR

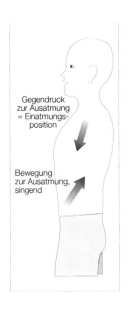

Gegendruck zur Ausatmung = Einatmungsposition

Bewegung zur Ausatmung, singend

> o Wir stehen ganz locker und gerade und atmen tief durch die Nase ein. Der Körperschwerpunkt verlagert sich gefühlsmäßig nach unten.
> o Wir fauchen jetzt den Buchstaben F, indem wir diese Aktion mit unserer Bauchmuskulatur unterstützen.
> Unser Unterbauch spannt sich dabei und drückt nach oben, bevor er sich nach dem gefauchten F wieder in seine lockere Ausgangsposition fallen läßt. Also: Luftholen, drei kurze F hintereinander, Pause und das Ganze von vorne. Der Oberbauch wird nicht eingezogen! Ober- und Unterbauch sind in einer Gegenbewegung begriffen und dabei gleichzeitig in einer Ein- und Ausatmungsposition.
> *Einatmen F– F– F– – – Einatmen F– F– F– – – Einatmen F– F– F usw.*
> o Und jetzt Da – Da – Da, Entspannen, ohne Druck mit oder durch den Hals, Da – Da – Da, Entspannen und wieder Da – Da – Da, aber nicht Hdaa – Hdaa oder Dah – Dah! Diese Übung trainiert die für das Singen notwendige Muskulatur. Auch nach der Übung sind eine lockere Halsmuskulatur und ein freundliches Gesicht erwünscht ...

Während das Zwerchfell die Pflicht hat, unseren Luftvorrat so lange wie möglich in den Lungen zu halten und dabei im unteren Brustraum mit seiner Kuppel abflacht, also nach unten strebt, ist unser Unterbauch etwas angezogen und gespannt. Der Oberbauch wird allerdings keinesfalls eingezogen. Dies würde die Arbeit unseres Zwerchfells beeinflussen oder verhindern.

Unsere Stimmbänder werden durch unsere gedankliche Intention in Schwingungen versetzt.

DIE ERZEUGUNG DES TONS

Da unsere Atemluft durch die Bauchmuskulatur beziehungsweise durch das Zwerchfell am raschen (unvorteilhaften) Austritt gehindert wird, entsteht im Ansatzrohr eine Art luftgefülltes Gefäß. Hier wird aus den Schwingungen der Stimmbänder ein Ton erzeugt, der sich aufgrund seines Vibratos tragfähig ins Auditorium fortpflanzen soll. Deshalb also müssen geschulte Stimmen nicht elektronisch verstärkt werden. Mit einem angeborenen Talent hat dies nichts zu tun.

## OBERTÖNE UND FORMANTEN

Jeder Ton besteht aus einem Grundton und in mathematischen Abständen darüberliegenden, mitklingenden Obertönen. Außerdem sind Gesangstöne – wie alle akustischen Wahrnehmungen in der Natur auch – aus mehreren sich überlagernden Schwingungen zusammengesetzt.

WORAUS TÖNE BESTEHEN

Die Verschiedenartigkeit und Anzahl der Überlagerungen und damit der spezifischen Frequenzkurven ergibt die individuellen sprachlichen oder gesanglichen Klangbilder. Mit ihrer Hilfe identifiziert unser Gehör und ordnet zu.

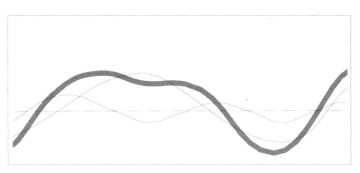

*Zwei einzelne Schwingungen, die sich überlagern und, grau gerastert, die daraus entstehende Summenschwingung.*

DIE FORMANTEN

Zu viele Überlagerungen von Teiltönen im oberen Frequenzbereich hören wir als schrille Dissonanzen. Stimmen mit wenig Teiltönen, mit wenig Überlagerungen von Tonschwingungen klingen farblos und matt.

Die Teiltöne sind jedoch weder bei jedem Vokal noch über den ganzen individuellen Tonumfang eines Sängers in gleicher Dichte vorhanden. Dort, wo sich diese Partialtöne bündeln und damit Einfluß auf Farbe, Charakter und Tragfähigkeit eines Gesangstones haben, entsteht ein sogenannter Sängerformant.

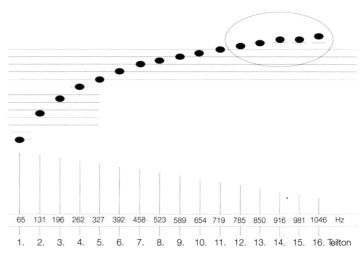

*Teiltonreihe bei einem Grundton von 65 Hz (nach Winckel). Die Obertöne (rechts) sind gebündelt und bilden einen Formanten.*

DIE HAUPTFORMANTEN DER VOKALE

Ein Hertz (abgekürzt Hz) entspricht der Schwingung, die während einer Sekunde 340 Meter in Luft zurücklegt. Die Anzahl der Schwingungen pro Sekunde wird Frequenz genannt.

Gesprochene oder gesungene unterschiedliche Vokale haben unterschiedliche Hauptformanten.

|   |            |
|---|------------|
| A | 800–1200 Hz |
| E | 400– 600 Hz |
| I | 200– 400 Hz |
| O | 400– 600 Hz |
| U | 200– 400 Hz |

Deutlich erkennen wir, daß der Vokal A allen anderen an Anzahl Hz überlegen ist und am besten trägt.

Patienten mit einem Hörschaden im Frequenzbereich unterhalb von 1000 Hz (Vokal A) hören alle anderen Vokale unterhalb dieser Grenze wie ein schlecht klingendes O. Maßgeblich dafür ist ein hinderlicher Nebenformant für E, I und A (inklusive einiger Umlaute), der tiefer als 1000 Hz liegt.

Der Hauptformant von A mit 1000 Hz ist für uns der Idealfall und Orientierung für die Vokalisation beim richtigen Singen. Für die tragfähige Stimmproduktion wollen wir deshalb eine Position suchen, die dem Vokal A nahekommt.

Die geschulte Stimme muß allerdings Vokale wie A und U in hohen (und auch tiefen) Lagen „verfremden", um im Sinne der optimalen Tragfähigkeit noch gut „fokussieren" zu können

Hier spielen geschlossene oder offene Vokale eine große Rolle.

DER HAUPTFORMANT VON A

*Optimal geöffneter Mundraum durch flache Zunge und tief stehenden Kehlkopf.*

a

*Verdickte Zunge, enger Mundraum und hoher Kehlkopfstand = schlecht geöffnetes Ansatzrohr.*

e

*Extrem geschlossener Mundraum und sehr hoher Kehlkopfstand = Antiposition zum Vokal A und daher gänzlich unvorteilhaft.*

i

*Verdickte Zunge im hinteren Mundraum, eingeengtes Ansatzrohr.*

o

*Stark verdickte Zunge im hinteren Mundraum und eingeengtes Ansatzrohr.*

u

*Die fünf Mundstellungen beim Sprechen der Vokale A – E – I – O – U: Für den Gesang sind diese Mundstellungen – mit Ausnahme der Position für A – ungeeignet. Der Profi nimmt bei allen Vokalen einen „Vokalausgleich" hin zu einer A-Position vor.*

Die Auswertung des auf Linie hintereinander gesprochenen „inhaltsschweren" Satzes: „Mach mir den Pudel nicht naß" zeigt im Vergleich zwischen Laien und Profi deutliche Unterschiede.

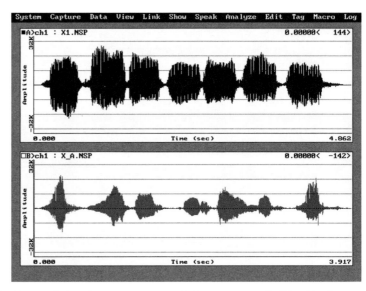

*Amplitude/Zeit: Der Profi (oben) entwickelt mehr Gesamtenergie als der Laie. Der Schalldruck ist bei unterschiedlichen Vokalen beim Profi ausgeglichener als beim Laien. Die Grundfrequenz und der Schalldruck variieren beim Laien stärker als beim Profi. Die Vokale werden beim Profi länger gehalten.*

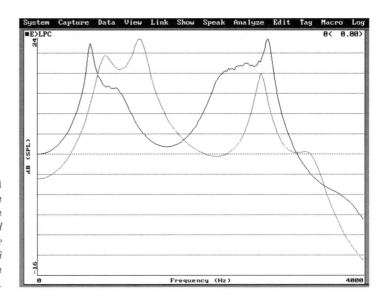

*Formant F 3 des Vokals A in dB: Es handelt sich um den Sängerformanten zwischen 2,5 und 3,6 kHz. Größere Bandbreite beim Profi (dunklere Linie) im Vergleich zum Laien.*

Der Satz „Mach mir den Pudel nicht naß" wurde einmal gesprochen von Bernd Weikl, Profi genannt, und einmal von Jörg Sedl, Laie genannt. Die Aufnahme erfolgte unter identischen Aufnahmebedingungen zur selben Zeit. Die Auswertung wurde mit

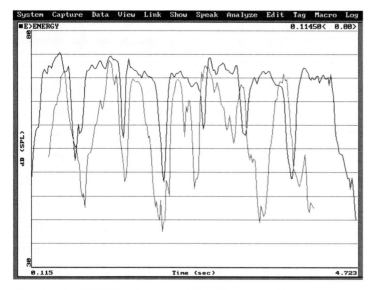

*Energieverlauf: Erhöhte Energie und Vokallänge beim Profi im Vergleich zum Laien.*

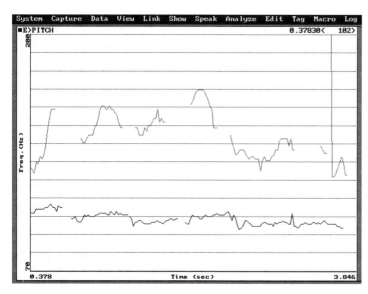

*Grundtonverlauf (PITSCH): Geringere Grundfrequenzvariation beim Profi.*

einem CSL-Lab von Professor Dr. med. habil. Dr. paed. Pahn, Leiter der Abteilung Phoniatrie/Pädaudiologie der Universitätsklinik Rostock, vorgenommen.

**Der Vokalausgleich**

Der Hauptgrund für den „Vokalausgleich" in der Auswertung ist die bewußte Veränderung des Mundraumes beim Profi hin zu einer A-Position auch für alle anderen Vokale. Dies natürlich nur annähernd, denn sonst sängen wir ja wirklich alles auf A . . . Mach mar dan Padal nacht naß . . . Alsa sa was!!
Auch der verbale Inhalt der sängerischen Aussage in Oper und Konzert muß verständlich bleiben. Insofern liegt die Wahrheit – wie so oft – auch für den angestrebten Vokalausgleich dazwischen.

**Das Vibrato**

Die geschulte, „gestützte" Vibratostimme ist die ökonomischste und gleichzeitig effektivste Möglichkeit zu singen. Dabei nutzt die ausgebildete Stimme einen anderen Frequenzbereich als das begleitende Klavier oder Orchester und bleibt dadurch immer noch tragfähig im Klang, also hörbar im Konzertsaal und in der Oper. Gestützte Töne sind tragfähig.
Nicht ausgebildeten Stimmen mangelt es heute normalerweise an einem Vibrato, also am obertonreichen Klang. Solche Sänger sind trotz ihrer eventuell interessanten künstlerischen oder klanglichen Aussage im professionellen Bereich auf elektronische Verstärkung angewiesen. Ihre Stimmen sind ohne Mikrophone im größeren Rahmen nicht hörbar, und ihre Stimmbänder werden nicht selten durch „unsachgemäße" Behandlung in Mitleidenschaft gezogen. Aber selbstverständlich geht es nicht immer um den „schönen Gesang", den „Belcanto" . . ., und über Geschmack läßt sich bekanntlich ohnehin nicht streiten.
Der historische „Belcanto" der Kastratenzeit ist allerdings heute ohnehin nur noch zu erahnen, seine Vertreter und die Musik dazu sind von den heutigen Bühnen verschwunden.

**Der Körper – das Instrument**

Analog zum *Corpus* einer Baßgeige oder eines Konzertflügels dürfen wir unser Instrument, unseren Klangkörper, während der gesanglichen Beanspruchung möglichst nicht verändern. Deshalb werden auch unsere Lungen nicht bei jeder Gesangsphrase völlig entleert, sondern behalten immer soviel Restluft, daß der subglottische Druck der ausströmenden Atemluft konstant gehalten werden kann. Unser Instrument darf sich also niemals gravierend verkleinern. Darstellerische Aktivitäten, welche die Atemluft tangieren und damit auch Einfluß nehmen auf die Größe des Instruments, behindern die gesangliche Aussage. Schauspiel und Oper unterscheiden sich auch hier ausdrücklich! Das heißt, eine Opernregie sollte Rücksicht nehmen auf die Unversehrtheit unseres Klangkörpers.

## *Die Entstehung eines Tones*

Mit der *Phonation*, also im Augenblick der Entstehung des Tones, werden die Stimmbänder im Kehlkopf durch unseren willentlichen Befehl in Vibration versetzt. Diese wird in den bereits beschriebenen Resonanzräumen unter konstantem subglottischem Druck verstärkt und in hörbare Töne verwandelt.

<small>DIE REGENERATION</small>

Die Sprechorgane – Kehlkopf, Zunge, Unterkiefer, Gaumensegel sowie die Lippen – ändern nach Art des gewünschten Vokales oder Konsonanten (je nach Sprache oder Dialekt) ihre Position und damit auch die der Mundhöhle und des Rachenraumes, also des gesamten Ansatzrohres. Mit diesen Veränderungen des Klangkörpers ändert sich natürlich auch jedesmal der „sound" und damit die Tragfähigkeit des gesungenen Tones.

<small>DER TRAGFÄHIGSCHWINGENDE TON</small>

Wenn wir unsere Schallräume zugunsten der Vokale beziehungsweise der deutlichsten Aussprache und der zusätzlich auch noch unverschämt schwierigen Konsonanten ständig verändern wollten, dann würden sich auch die Größe unseres Klanges und seine Qualität permanent mitverändern. Dieser Effekt ist jedoch hinderlich für unser Ergebnis, den tragfähig schwingenden und bei allen Vokalen gut fokussierten Ton. Wir suchen deshalb nach einer gemeinsamen Position für alle Vokale, nach dem oben beschriebenen Vokalausgleich.

<small>DIE SCHALLRÄUME</small>

Die stimmlosen Konsonanten sind lediglich mitklingend, von „consuonare". Sie unterteilen die klingenden Vokale. Singen kann man in der Regel nicht mit einem T oder P. Wie auch die „mitklingenden" stimmhaften Ms, Rs usw. dienen sie der Plastizität einer wirksamen und erfolgreichen Bühnenaussage und dürfen keineswegs vernachlässigt werden. So gibt es also stimmhafte und stimmlose Konsonanten und jede Menge diesbezügliche Unterschiede in den so vielen Sprachen der singenden Welt.

<small>DIE FUNKTION DER KONSONANTEN</small>

### EIN HAUS FÜR LAUT UND LEISE

Jeder gesungene Vokal muß in seiner bewußt gewählten und für den Augenblick der geforderten Aussage notwendigen Laut-

<small>DAS AUFSCHLIESSEN DER STIMME</small>

stärke, in seiner Dynamik, voll präsent sein. Das Publikum will laute und leise Töne genießen dürfen. Da die meisten von uns Zivilisationsgeschädigten zu wenig Stimmstärke aufweisen, spricht man zunächst von einer Vergrößerung, einem Aufschließen der Stimme. Ein richtiges Piano (leise) zu singen bedeutet ebenfalls – analog zum Forteton (laut) –, den großen Klangraum, das optimale Ansatzrohr zu nutzen. In diesem Zusammenhang kann es kontraproduktiv sein, stimmschwache Anfänger mit leisen Tönen einzuengen. Erst muß das größtmögliche Haus gebaut werden, in welchem sich dann „laut" und „leise" gut hörbar entfalten können.

Leise singen ist schwer

Richtig gestütztes Piano ist schwieriger als das laute Singen und somit erst bei fortgeschrittenen Schülern sinnvoll. Wenn alle trainierte Funktionalität in unser Unterbewußtsein eingegangen ist, sollten wir in der Lage sein, unser Instrument in allen möglichen Lautstärken und Farben zu beherrschen. Alle unsere Töne sollten jedoch immer das Auditorium erreichen können ... Es sei denn, die Praxis spricht dagegen, die unakustischen Umstände auf der Bühne und das Fortissimo aus dem Orchestergraben verhindern jedes Bemühen um dynamische Abstufungen.

A – E – I – O – U

Alle tönenden, lang gedehnten Vokale wie: A – E – I – O – U – Ü – Ä – Ö sollten ein optimal geöffnetes Ansatzrohr vorfinden.

o Wir öffnen den Mund- und Rachenraum wie beim Gähnen und sprechen die obigen Vokale. Nicht einzeln, sondern wie die Perlen auf einer Schnur, ohne Luftlöcher, ohne abzusetzen. Auf Linie, sozusagen. Das nennt man in der Musik und beim Singen Legato. Ganz so, wie der Bogen über die Saiten der Geige streicht, ohne abzusetzen und mit vorerst noch leiser Sprechstimme.

o Und jetzt etwas lauter und zusammengebunden, also ineinander übergehend: A–E–I–O–U–Ä–Ü–Ö ...

o Schon beim E haben wir den Raum in unserem Mund verkleinert, beim I noch mehr. Da hat sich dann sogar unsere Zunge eingemischt, nach hinten aufgestellt und damit unser Ansatzrohr, unsere Mundhöhle in Richtung Gaumen manipuliert und somit verkleinert. Also noch einmal: A–E–I– und beim E gähnen, beim schwierigeren I noch mehr ...

Wenn wir beispielsweise jeden Vokal mit einem G beginnen, also: GA – GE – GI – GO – GU – GÄ – GÜ – GÖ, dann fühlen wir, wie dieses G ständig seine Position in unserem Mundraum verändert. Der Grund sind die unterschiedlichen Positionen der Vokale.

Die Tonvorstellung sollte zunächst ein gähnendes A sein, und zwar bei jedem Vokal! Kein plärrendes jedoch – also keinesfalls mit weit aufgerissenem Mund –, sondern leicht zu einem dänischen oder schwedischen Å hin und wirklich nur ganz leicht dunkel gefärbt. Oder so, wie man in Bayern „Jå" sagen würde ... Aus dem Französischen entlehnt, nennt man dies sehr treffend „sombrieren", also abdunkeln. Aber auch nicht gleich zu finster!

Versuchen wir es noch einmal – auch wenn das Ergebnis nicht gleich zu unser aller Zufriedenheit ausfallen mag – dies ist der Weg zum geöffneten Ansatzrohr und damit zum richtigen Singen.

DAS A-SAGEN UND -SINGEN

DAS BAYERISCHE A

> Bleiben wir bei einer Einstellung Å–O–U –, zwischen diesen dreien ist es gar nicht so schwer, beim U– nicht kleiner werden! – E–I –, den Raum behalten, öfter zwischen Å–U– Å–U – hin- und herwechseln.
> Auch zwischen Å–I–Å–I – das I– nicht so furchtbar grell und spitz. Leicht an ein Ü gelehnt (sombrieren, aber nicht zu sehr!).
> Es ist wirklich notwendig, daß wir uns immer ein offenes, etwas bayerisches A vorstellen.
> Und jetzt noch einmal bei geschlossenen Lippen und innen geöffnetem Mundraum ...

Wir kontrollieren jetzt wieder unseren leicht wie zum Gähnen geöffneten Mund. Beim E–I– will er immer deutlich breiter werden. Doch Vorsicht, das soll er nicht, denn das beeinträchtigt schon wieder den Klang.

Die Gesichts- und Halsmuskulatur muß locker bleiben. Dies wirkt sich dann genauso auf unseren Kehlkopf aus.

Der Kiefer ist spannungsfrei! Die äußere Muskulatur unseres Mundes bildet ein verlängertes Ansatzrohr, analog zur Funktionalität eines Trompetenschallstücks.

Die Lippen bilden den ringförmigen Abschluß.

IMMER WIEDER:
EVENTUELLE
VERKRAMPFUNGEN LÖSEN!

> Zur Prüfung unserer Lockerheit bewegen wir beim Üben den Kopf hin und her. Ganz leicht muß dies geschehen können. Haben wir damit Probleme, dann sind wir verkrampft. Dann arbeiten wir leider noch viel zuviel mit Kopf und Hals. Somit funktioniert auch unser Zwerchfellmuskel noch nicht richtig. Alle Arbeit muß unser Bauch ausführen, damit der Hals entlastet wird! Und denken wir nicht zuviel nach dabei. Lassen wir etwas mit uns geschehen, etwas höchst Animalisch-Menschliches!

## *Die vollklingende Stimme*

GÜNSTIGE
VORAUSSETZUNGEN

Gewisse Landessprachen, wie zum Beispiel das vokalfreudige Italienisch oder das Spanische, auch einige unserer regionalen Dialekte, trainieren ihre „Eingeborenen" von klein auf hin zum vollen Gesangston. Grundsätzlich sind im Süden die Vokale länger. Auch hat bei den nördlichen Stadtbewohnern die Zwecksprache vieles verschüttet. Registrieren wir doch einmal, wie „mundfaul" in unserer Umgebung kommuniziert wird. Da sind dann doch im Ernstfall ziemlich anstrengende und zeitintensive vokale „Ausgrabungsarbeiten" an der Stimme notwendig, wollen wir sie wieder voll und ohne elektronische Hilfsmittel erklingen lassen. Wie sagte schon Tacitus: „Frisia non cantat..."

DIE „SÄNGERISCHE"
SPRECHSTIMME

Die insultierende Komparation „dumm, dümmer, Tenor" ist falsch. Richtig ist indessen: Immer dann, wenn die dominante linke Hirnhälfte Sprache allein über die „perfekte" Artikulation oder über ihren verbalen Inhalt definieren will, behindert sie gleichzeitig ihre emotionale Aussage und den (berufssängerisch) notwendigen Vokalausgleich. Ausgebildete Sänger sind nicht nur singend, sondern auch sprechend mit vollem, schwingendem Klang, mit Vibrato, zu vernehmen. In unserer oberflächlichen Zeit wird dies nicht selten als aufgesetzt und daher störend empfunden. Auch scheint es heute Mode zu sein, viele Schauspieler unkorrekt, nachlässig oder überhaupt in einer Art „Umgangstongebung" laienhaft sprechen zu lassen. Diese phonasthenische Ausdrucksform offenbart eine Unterentwicklung der Stimme, die sich auch bei einigen Fernseh-Showmasters als schlechter, weil kranker Klang manifestiert. Ihre Stimmen hören sich nicht selten gequetscht, halsig, flach und emotionslos an,

und ihre Halsmuskulatur wird, sichtlich angestrengt, in Mitleidenschaft gezogen. Das heißt, ihr Körper arbeitet beim Sprechen nicht oder nur auf Sparflamme, auf einem dürftig bis mangelhaften Atem.
Personen des öffentlichen Lebens sind Leitfiguren und bei hohen Einschaltquoten mitverantwortlich, wenn es heute um unsere diesbezüglichen natürlichen Fähigkeiten so miserabel bestellt ist.

Indem wir von Kind auf bewußt oder unbewußt nachahmen, übernehmen wir neben angebotenen Symbolen oder logischen Inhalten Klänge und eine Vielzahl anderer sensueller Bausteine aus unserer Umwelt auch als Axiome für unsere eigenen Vorstellungen. Das heißt, wir werden auf bestimmte Muster programmiert. Hören wir von Kind auf nur flaches, gequetschtes Sprechen auf ungenügendem Atem, dann werden wir uns leider kaum entgegengesetzt dazu – also natürlich – entwickeln. Deshalb ist es oft so schwierig, die frühen und falschen Kindheitserfahrungen in Sachen Hören und Stimmgebung mit Hilfe von Gesangstunden mühsamst „umzupolen".

LEITFIGUREN

Von Soranos von Ephesos – aus dem zweiten Jahrhundert nach Christus – wird berichtet, er habe chronisch Wahnsinnigen unter Anleitung eines Musiklehrers Stimmübungen empfohlen. Und Orpheus, dem begnadeten Sänger aus der griechischen Mythologie, wird nachgesagt, er konnte mit seinem Gesang alles Lebende und Tote verzaubern und schließlich sogar seine Eurydike aus dem Schattenreich, dem Hades, auf die Erde zurückholen. Von Herakles wird allerdings kolportiert, er solle seinen schlechten Gesanglehrer, einen gewissen Linos – der auch Orpheus unterrichtet haben soll –, wegen Ineffektivität erschlagen haben. Es mag also vielleicht doch nicht am Lehrer gelegen haben . . .

DIE MACHT DES GESANGES

*Stimmbilden* bedeutet ein *Regenerieren* des sonst verkümmernden Organes hin zu einem naturgewollten Zustand, der aufgrund eines offensichtlichen Bedürfnisses im Laufe von vielen hunderttausend Jahren entwickelt wurde. Die Mehrzahl unserer Zeitgenossen besitzt alle *stimmlichen Anlagen,* benützt sie aber nur mangelhaft. Daß man mit dieser Behauptung nicht überall auf Verständnis stößt, hat zumindest einen Vorteil: Der Umstand sichert uns die besondere Stellung als Opern- und Konzertsänger, also innerhalb unserer soziokulturellen Gemeinschaft, und in der Folge einen etwas überfüllten Terminkalender . . .

## *Stimmliche Fortschritte*

DER SCHÖNE TON

> Das Ziel einer stimmlichen Ausbildung ist der natürliche, als (relativ) schön empfundene Ton, der locker und frei von unnatürlichem Beiklang, von der Tiefe bis zur Höhe der individuellen Tonskala gleichmäßig klangvoll anspricht und durch die optimale Nutzung des Ansatzrohres – also aller von der Natur so hilfsbereit zur Verfügung gestellten Schallräume – tragfähig fokussiert wird und daher raumfüllend klingt.

So modelliert, gefällt uns der Ton, und er überträgt sich dergestalt auf das kritische Ohr des Rezipienten – die Verschiedenheit der Geschmäcker immer stillschweigend vorausgesetzt. Und: Auch guter Geschmack muß gebildet werden ...

KÖRPERLICHE FITNESS IST WICHTIG

Wer sich regelmäßig in körperlicher Gymnastik übt, spart sich auch einen guten Teil des umständlichen täglichen Suchens nach dem perfekten Stimmklang. Denn über Nacht, da schläft auch die Stimme und kann sich am darauffolgenden Tag einfach nicht mehr gut an ihre erlernte Lektion erinnern. Nur wer sich ständig körperlich fit hält, kann die physische Belastung des Singens steuern. Deshalb sind gymnastische Übungen in Innenräumen zu empfehlen, die unabhängig von Witterung oder Maschinen jederzeit praktizierbar sind.

Auch die für den Gesang notwendige Körpermuskulatur kann auf diese Weise unterstützend aktiviert werden.

AUF DIE RICHTIGE ATMUNG NICHT VERGESSEN!

Wir atmen durch die Nase ein und bei jeder körperlichen Anstrengung durch den Mund aus. Nicht umgekehrt. Jede Forcierung, jedes Pressen, jedes Stauen von Luft beim Ausführen unserer Gymnastik schadet sofort den Stimmbändern. Wird die Luft unterhalb dieser zarten Muskeln zu sehr komprimiert und in Richtung Kehlkopf gedrückt, so leidet diese *Stimmritze* (das Ventil), wird übermäßig gedehnt und auf Dauer krank. Beobachtungen bei einigen diesbezüglich atemtechnisch falsch trainierenden Bodybuildern zeigen, daß manche von ihnen von einer Art Dauerheiserkeit geplagt sind – falls sie diesem Umstand bei krönend hybriden Muskelansammlungen überhaupt Beachtung beimessen ... Das Zwerchfell muß lernen, den eingeatmeten Luftvorrat als permanenten Luftstrom minimal dosiert abzugeben. Sonst werden die Stimmbänder, wird das Ventil ständig überstrapaziert.

*Geeignete gymnastische Übungen (von links oben nach rechts unten): Jogging auf dem Fleck. Springen und dabei regelmäßig die Hände und Arme über dem Kopf zusammenführen, gleichzeitig mit beiden Beinen hüpfen, leicht gegrätscht und wieder zurück. Rumpfbeugen zur Seite. Kugelstoßen. Rumpfbeugen nach vorne.*

Singen lernen dauert wirklich eine geraume Zeit. Deshalb wiederholen wir erneut:

o Das Zwerchfell selbst läßt sich weder fühlen noch direkt trainieren, jedoch über benachbarte Muskelpartien aktivieren.
o Nach der oben beschriebenen behutsamen Gymnastik stellen wir uns locker hin und atmen tief durch die Nase ein. *Gedanklich* bis hinunter in die Zehenspitzen.
o Wir spüren, wie die Luft von den Lungen aufgenommen wird und wie sich die Muskulatur in unserem Thorax, dem Brustkorb, nach unten und außen an die Innenwände des Körpers bewegt. Das Zwerchfell senkt sich dabei ebenfalls nach unten, in Gedanken unter die Gürtelgegend.
In Wirklichkeit sitzt das Diaphragma viel höher und teilt unseren Bauch querliegend vom Brustraum. In den Flanken fühlen wir hinten zu beiden Seiten des unteren Rückens die Bewegung des tiefen, aber nicht übermäßigen Einatmens. Der Rücken strafft sich, Nacken und Hals bleiben locker!

DAS TRAINING DER ATEMSTÜTZE IST NUR ÜBER UMWEGE MÖGLICH

> ○ Wir öffnen den Mund wie zum Gähnen und singen ein langgezogenes A in einer für uns bequemen Tonlage. Dann ein E–I–O–U–Ü–Ö–Ä und verbinden die Vokale wie mit einem Band. Da anfänglich alle Vokale in unserem Ansatzrohr unterschiedliche Positionen einnehmen, bemühen wir uns um einen Vokalausgleich, um einen gemeinsamen Platz, einen optimalen Stimmsitz für alle Vokale, damit sich der Klang in den Raum fortpflanzen kann.
> Dies widerspricht in unseren Breiten dem Verlangen nach „optimaler Umgangsartikulation".
> ○ Wir sprechen und singen in bequemer Tonlage gut zusammengebunden (mit Legato):
> GA–GE–GI–GO–GU–GÜ–GÄ–GÖ– usw.
> ○ Dann
> MA–ME–MI–MO–MU–MÖ–MÜ–MÄ
> ○ Der Mundinnenraum muß offen bleiben. Zum Vokal A hindenken!

## *Zurück zur Natur*

GUTE GESANGSPÄDAGOGEN

Viele Wege führen nach Rom, sprich an die Staatsoper Wien, in den regionalen Kirchenchor, den Männergesangverein oder auch daran vorbei. Ganz sicher jedoch hilft uns die ausgebildete Stimme auf unserem Vorstandssessel oder bei Einstellungsgesprächen.

Werden bei unserer Suche nach der idealen Position auf Dauer gar keine stimmlichen Fortschritte gemessen, dann sollten wir das Training bei unserer Lehrkraft – und sei sie noch so vertrauenerweckend – überdenken. Nach reiflicher Prüfung natürlich und nicht gleich nach der ersten Gesangstunde.

DER NACHTEIL DER VERSTÄRKUNGSMÖGLICHKEITEN

Gute Gesangspädagogen sind rar und werden immer seltener. Mit der wunderbaren Elektrifizierung unseres grünen Planeten und der damit verbundenen Amplifizierungsmöglichkeit noch so kleiner und unbedeutender Stimmen ist eine vernünftige Ausbildung zum vollendeten Klang-Körper oft nicht mehr notwendig oder erwünscht. Pop- und Rocksängerinnen und -sänger werden bei ihren Konzerten über Megatonnenlautsprecher verstärkt. Weshalb sollten sie also ihre Stimmen ausbilden wollen? Auch werden mächtige Stimmen in den Fernseh- und Plattenstudios gar nicht so gern gesehen, denn voluminöse Töne stoßen bei Aufnahmen gerne in den roten Dezibelbereich. Das heißt, die Aufnahmen – selbst die digitalen – werden übersteuert.

Eine voluminöse Stimme wird bei der Aufnahme vom Tonmeister „zurückgefahren", damit er sie „einfangen" kann, während sich die kleine Stimme am Mischpult groß „aufziehen" läßt. Das vielgepriesene Produkt auf dem Tonträger ist daher auch manchmal dem Techniker „anzulasten" . . .

Solfeggio-Übungen von Herbert-Caesari, Marchesi oder Vacchai sind wertvolle Hilfen bei der Ausbildung der Gesangstimme. Die unter dem Sammelbegriff „Arie antiche" erschienenen Stücke italienischer Meister aus der Zeit der hohen Blüte des professionellen Gesanges sind ausgezeichnete Kompositionen, die die Erarbeitung eines erstklassigen Vokalausgleichs unterstützen. Man wußte damals noch sehr genau um die organisch besten Tonschritte und Vokalfolgen, um die pflegliche Behandlung unserer menschlichen Singstimme. „Unorganische" Tonschritte und „unbedachte" Vokalfolgen in kontemporären Kompositionen nehmen leider oft keine Rücksicht auf die Besonderheiten der menschlichen Singstimme. Deshalb sind die meisten Berufssänger für die heutige moderne Musik nicht zu begeistern.

SOLFEGGIO-ÜBUNGEN

Der gedanklichen Vorstellung nach sitzt der empfundene ideale Ton direkt unter dem Schädeldach. Das ist natürlich nur eine Hilfsmaßnahme, um die Klangsäule, die beim Singen in uns entstehen soll, auch nach oben hin maximal auszudehnen. Wir bilden uns ein inwendiges Gummiband ein, welches wir mit dem Diaphragma über die eingeatmete Atemluft nach unten ziehen, während wir gleichzeitig versuchen, uns den Ton, unsere gesungene Phrase gefühlsmäßig am Hinterkopf entlang hinter die Ohren und noch weiter hinauf zu *denken*.

Das Gummiband soll sich nach oben und unten (im Inneren des Körpers) gedanklich auf eine maximale Länge ausdehnen dürfen. Dazu öffnen wir bewußt alle unsere Schallräume im Ansatzrohr und gedanklich auch solche in der (Fecht-)Maske (Nase, Stirn, siehe auch das Kapitel „Eine einführende Gesangstunde ab Seite 96).

Auf diese Weise muß es gelingen, die beiden kleinen Stimmmuskeln in unserem Kehlkopf noch weiter zu entlasten, so daß diese bei aller sonstigen körperlichen Anstrengung am Ende

„beinah unbeteiligt" schwingen. Je nach der gedachten Tonhöhe werden dabei unsere Stimmbänder mehr oder weniger angespannt, während sie beim schnellen Öffnen und Schließen aufeinanderschlagen. Das ist ihre gesamte und völlig „unanstrengende" Aufgabe – nicht mehr und nicht weniger und trotzdem so unendlich viel.

STÖRENFRIED INTELLEKT   Wir müssen zunächst alle „zurück" zu einer animalisch-menschlichen Empfindung für unseren Körper. Und lassen wir uns bitte in diesem Stadium noch nicht zuviel von unserem Intellekt dreinreden. Dieser stört eher, wenn es um natürliches Empfinden geht. Vertrösten wir das analytische Denken auf den intelligenten Vortrag, welcher dann auf ein solides, unbewußtes Zusammenspiel aller beteiligten Körperfunktionen zurückgreifen will.

Zuerst bauen wir uns das Instrument, auf welchem wir anschließend spielen.

## *Die Stimme aufbauen und erhalten*

DIE WAHL DES GESANGLEHRERS   Manche Sänger finden mit viel Glück sofort den einen für sie richtigen und daher zielführenden Maestro. Anderen Hilfesuchenden ergeht es zuweilen wie Parsifal im ersten Akt der „Story", wenn er, der „reine Tor", nach seinem Namen (nicht nach seinem Gesanglehrer) gefragt, antwortet: „Ich hatte viele, doch weiß ich ihrer keinen mehr..."

Eine solide Ausbildung zum Berufssänger darf *nicht nur* Gesangstunden beinhalten. Deshalb ist in jedem Fall zum Studium an einer Hochschule für Musik und dramatische Kunst zu raten. Das ist in der Summe effektiver und auch leichter finanzierbar, während die Gesangstunden auf dem „freien Markt" sehr teuer sind. Es sei denn, wir stehen bereits im Berufsleben, verdienen sehr gut und leisten uns diesen „Luxus", um als Vorstandsmitglied bestens gehört erfolgreich zu werden.

HOCHSCHULEN FÜR MUSIK UND THEATER   Die Lehrpläne der staatlichen Musikinstitute sind in der Regel gut auf die spätere Berufsausübung zugeschnitten. Neben der Entwicklung unserer stimmlichen Fähigkeiten studieren wir das Gehen, Stehen und Liegen auf der Bühne, die Muttersprache der Oper, Italienisch, sowie Klavier, Gehörbildung, Noten lesen, Tonsatz, vom Blatt singen, Arien, Lieder, Musikgeschichte, Bühnenfechten, Schauspiel, Rhythmik und vieles mehr.

Die Aufnahme in ein staatlich finanziertes Institut ist mit der Auflage einer Prüfung verbunden und auch mit einem Mindest- oder Höchstalter. Ausnahmen bestätigen die Regel. Solange sie noch im pubertären Stimmbruch herumkrächzen, hat es für die männlichen Bewerber keinen Sinn, mit Gesangsübungen zu beginnen. Und auch den zukünftigen Primadonnen ist zu empfehlen, erst einmal „erwachsen" zu werden, denn solange sich unser Körper noch im Entwicklungszustand befindet, sind die kleinen Muskeln in unserem Kehlkopf noch nicht voll entwickelt und einsatzfähig. Da dies von Fall zu Fall beurteilt werden muß, ist es sicher von Vorteil, den Rat einschlägiger Mediziner einzuholen. Hals-, Nasen- und Ohrenärzte, Phoniatriker und andere Zweige dieser Wissenschaft können die Größe und Beschaffenheit der Stimmbänder und somit auch die stimmphysiologische Voraussetzung untersuchen. Ärzte für allgemeine oder innere Medizin, auch Frauenärzte, befinden über den Grad der Erwachsenheit bei Eva, Susi, Brigitte und Nicole.

Selbstverständlich sollten Kinder regelmäßig singen. Den beruflichen Anforderungen des Opern- oder Konzertgesangs und der Ausbildung dazu sind sie jedoch – analog zum Profisport – nicht gewachsen ...

Eine ganze Reihe von Kriterien kann die Auswahl des Gesanglehrers und damit auch den Standort des entsprechenden Instituts bestimmen. Aufgrund von großen Unterrichtserfolgen kennt und schätzt man diese Professorin oder jenen Maestro in der Fachwelt. Allzuleicht wird jedoch dabei vergessen, daß der beste Gesanglehrer selbst bei einem geborenen oder besser unverbildeten Stimmwunder nichts ausrichten kann, fehlt es an verständnisvoller Kooperation. Sei es auch nur, daß die beiden – analog zum Spitzensport – einfach verschiedene *Wellenlängen* haben und gefühlsmäßig aneinander vorbeidenken. Sei es, daß sich der Intellekt unseres jungen Baritons gegen das reichlich infantil anmutende Üben richtet, sei es, daß seine Musikalität zu wünschen übrigläßt oder andere Gründe eine Rolle spielen.

Grundsätzlich kann es beim Gesangsunterricht auch hinderlich sein, daß die persönliche Erfahrung des Lehrers als vorteilhaft und damit als allgemein gültig in den Mittelpunkt gestellt wird. Lehrer und Schüler entwickeln beim Trainieren oft Umschreibungen oder erfinden eigene Ausdrücke, um sich beabsichtigte Wirkungen erklärbar zu machen. Denn wichtigste Funktionen vieler am Singen beteiligter Muskeln sowie ganz entscheidende

Ein Hochschulstudium ist ratsam

Kooperation und Erfolg

Eigene Semantik

Das Unterbewusstsein anregen ...

Kunstgriffe zeigen zwar Wirkungen, bleiben aber als Verursacher für uns unsichtbar.

Das Wissen um die gültigen physiologischen Zusammenhänge ist beim Gesangstudium selbstverständlich von Vorteil. Es wäre jedoch übertrieben, beim Singen ständig wissenschaftlich über die komplexe Funktionalität des ganzen Apparates nachzudenken. Der umfassende Vorgang muß zwar – analog zum Spitzensport – genauestens studiert, in der Praxis jedoch aus dem Unterbewußtsein gesteuert werden. Unser ganzes Können erarbeiten wir uns so lange, bis wir es abrufen können, ohne darüber krampfhaft nachdenken zu müssen. Daher sollte alles vorher fehlerfrei in der Hirnrinde gespeichert werden, sonst wird uns das Falsche zu einer lebenslangen Hypothek.

Dem Sängerleben immanent: mangelhafte Information

Die Qual der Entscheidung, bei wem und wo wir unser Glück versuchen sollen, kann uns von niemandem abgenommen werden. Eine einfache Analyse, ein sogenannter Entscheidungsbaum auf einem Stück Papier, eine Pro-und-Kontra-Beurteilung
o des Lehrers,
o des Standortes der Hochschule,
o aller ihrer förderlichen oder auch hinderlichen Interna,
o des Klimas der Stadt,
o der Kosten für die Untermiete neben der stark befahrenen Autobahn usw.

wird uns sicherlich zunächst den Einstieg (sofern er nach Abwägung überhaupt noch gewünscht ist) in die unbekannte Materie erleichtern. Am besten:
o Wir fragen erfolgreiche Kollegen – schriftlich. Die meisten sind sehr nett und hilfsbereit.
o Wir sehen uns in einigen Musikhochschulen um
o und sprechen dort mit guten Schülern.
o Wir besuchen die öffentlichen Abschlußkonzerte der Absolventen.
o Wir bitten den allseits empfohlenen, ehrwürdigen „Meistermacher" um eine private Audienz. Dann singen wir ihm unser „O sole mio" vor, und will er uns anschließend unterrichten und zu einem zweiten Luciano Pavarotti machen, dann erleichtert dies unter Umständen schon die Prozedur der Aufnahmeprüfung.

Der schriftliche Entscheidungsbaum ist die einfachste aller Analysemöglichkeiten.
Die kompliziertere wäre die Wahrscheinlichkeitsrechnung. Gutes Fingerspitzengefühl, das ist es, was wir brauchen, und so nennt es der Volksmund auch sehr treffend. Es ist ein Teil der Intelligenz unserer Gefühlssphäre, die auch im Wirtschaftsleben über Erfolg oder Pech entscheidet. Hochintelligente Mitarbeiter werden nicht selten von diesbezüglich weniger begabten, aber erfolgreicheren Chefs dirigiert.

DAS FINGERSPITZENGEFÜHL

Gefühlvoll Suchende werden den richtigen Gesanglehrer finden, sei es jetzt schon zu Beginn ihrer Bemühungen oder erst auf Umwegen und nach dem dann unvermeidlichen und oft unschönen Lehrerwechsel. Unbedingt jedoch nach Anhörung und Hilfe der inneren, in der Tonvorstellung bereits fertigen, wohlklingenden Stimme.

DER SÄNGERISCHE INSTINKT

## WAS DIE GESANGSARBEIT ERSCHWERT

Die Zielrichtung hin zum Klang, zum „guten" Ton vor Augen, müssen wir immer bereit sein, einen unergiebig scheinenden Weg zu verlassen.

VORSICHT VOR UNSACHGEMÄSSEM TRAINING DER STIMME

Indizien dafür sind:
- Der mangelhafte Gebrauch der Atemmuskulatur, des Zwerchfells, also unserer sogenannten „Stütze", sowie das gleichzeitige, ungenügende Tiefstellen der Kehle, die Verkrampfung im Hals ...
- Die gröbsten Trainingsfehler führen auf Dauer zu einer Müdigkeit der Stimmbänder, zu einer Überbeanspruchung durch den Versuch, den Ton durch „Nachdrücken" zum Klingen zu bringen.
- Auch wird dann oft aus einem wohlklingenden Vibrato ein starkes, unangenehmes Tremolieren, in der Sängersprache bösartig als „Quintenschaukel" bezeichnet.
- Heiserkeit ist nicht selten ein trauriges Endergebnis.
- Funktionelle Stimmstörungen sind also die Folge.

Gesangschüler sollten sich daher gut zuhören und spätere Profis sich regelmäßig kontrollieren, dann im Ernstfall pausieren und unbedingt reparieren (lassen).

ZUSÄTZLICHE
BEHINDERUNGEN UNSERER
ARBEIT

*Knötchen auf den Stimmbändern verhindern den Stimmbandschluß.*

„INDISPOSITIONEN"

Unsere beiden kleinen Stimmbänder sind zwei Muskeln, die durch zu lautes, technisch falsches oder im kranken Zustand forciertes Singen – wie jede andere Muskulatur auch – in sich Ödeme (Bläschen) bilden können. Hier gilt es allerdings primär, die *Ursachen,* welche Körperkraft, Atmung und Stütze negativ beeinträchtigen, zu eliminieren.

Übermüdung durch zuviel Singen, anstrengende Reisen, Jetlag, durch zu kurze Nächte auch wegen einer blöden Baustelle, etwas zu heftiger Lebenswandel, Hormonstörungen und vieles mehr können ebenfalls oft schuld sein an einer akut auftretenden schlechten Sängerleistung.

Durch Luftverschmutzung, Klimaanlagen, Staub, allerlei herrlich grüne Bühnenkunststoffteppiche und deren feinste Partikel sowie vieles mehr entstehen oft Reizungen der Atemwege, die akute Krankheiten, Entzündungen und daher Behinderungen unseres Gesangsapparates zur Folge haben. Wer dann trotzdem versucht zu singen, kann sich einen bedeutenden Schaden zufügen. Nicht selten nämlich bilden sich nach Ödemen sogenannte Knötchen auf den Stimmbändern, Auswüchse, die dafür sorgen, daß der Stimmbandschluß Lücken aufweist, zuviel Luft entweichen läßt und den Klang der Stimme in Mitleidenschaft zieht.

Gegen Entzündungen helfen diverse probate Mittel, welche vernebelt eingeatmet gute Dienste tun. Inhalationen sowie orale, intramuskuläre und intravenöse „Geheimnisse" bewirken injiziert ein Zurückgehen der Infektion sowie ein Abschwellen und erneutes Befeuchten der Schleimhäute. Es gibt Hustenmittel und solche gegen Trockenheit, auch feine Meersalzlösungen gegen Katarrhe und „Vitamincocktails" zur rascheren Genesung.

Eine vorsichtige, aber trotzdem normale Lebensführung, gesunde Ernährung, Abhärtung, auch Sport zur Verhinderung der Verweichlichung, das sind vernünftige Mittel zur Prävention – und leben wir möglichst auch ohne Alkohol und Zigaretten! Nicht selten sind es die oberen Luftwege, die eine perfekte Funktion des ansonsten gesunden Kehlkopfs und damit der Stimmbänder verhindern. Böse Zungen sprechen hier leider oft allzurasch von einer *„Stimmkrise"* . . .

## *Kultur als Bestandteil des Lebens*

Schon seit vielen Jahrtausenden ist das kulturelle Leben fester Bestandteil unseres menschlichen Daseins geworden, und seine Anfänge sind bewundernswert in der Kunst der „Höhlengraffiti" aus der jüngeren Steinzeit dokumentiert. Obgleich unsere Kultur in den verschiedenen Epochen unserer Geschichte auch unterschiedliche Prägungen erfahren hat, ist die Bedeutung des Kulturlebens unter dem ständigen Einfluß sozialer und technologischer Veränderungen und einer damit zumeist einhergehenden Verbesserung des Lebensstandards auch für breitere Bevölkerungsschichten immer weiter gestiegen. Haben unsere Vorfahren, die virtuosen Höhlenmaler, noch Blitz und Donner, Jagdglück, die Geburt oder den Tod in kultischen Handlungen durch Tanz, Singen oder in frivolen Balzwettbewerben beschworen, so denken wir heute daran, unsere seelischen und geistigen Bedürfnisse durch kulturelle Nahrung zu befriedigen. Jahrmillionen von sinnlich erfahrbaren Eindrücken haben unser Hirn entwickelt und dieses, unser heutiges überaus komplexes Organ zu einem höchst aktiven Gefühlsempfänger anwachsen lassen, der uns auch alle elementaren humanen Bedürfnisse meldet.

Der Bedarf nach künstlerischen Darbietungen läßt sich bis in die Antike zurückverfolgen. Schon Aristoteles philosophiert über die Macht des Gesanges oder im folgenden über die Musik: „Es bleibt also, daß sie für das Leben in der Muße bestimmt ist, und darauf pflegt sie auch bezogen zu werden. Denn man ordnet sie dort ein, wo man das Leben der Edlen vermutet."

<small>DIE MUSE DER EDLEN</small>

Auch Homer spricht schon vom Berufssänger: „Sondern wen man zum festlichen Male laden soll", und dann nennt er andere, „die den Sänger rufen", der „alle ergötzt".

Hören wir noch Odysseus, wie er dies als optimales Leben bezeichnet, wenn die Menschen sich erfreuen und die „speisenden Gäste im Hause den Sänger hören, der Reihe nach hingelagert . . .".

Aristoteles meint allerdings hier sehr wegweisend und günstig für unser Vorhaben, unbedingt „Kammersänger" werden zu wollen, daß man sich zur seelischen Erbauung stets einen gut ausgebildeten Profi mieten solle:

<small>ARISTOTELES UND DIE KAMMERSÄNGER</small>

„. . . wie die Könige der Perser und Meder andere dies ausüben zu lassen, denn offenbar leisten jene Besseres, die darin berufsmäßig ausgebildet sind, als jene, die sich nur eine Weile im Rahmen der allgemeinen Bildung damit beschäftigt haben."

Obwohl praktisch keine Gesellschaft ohne Musik, ohne Gesang existiert, wurde bis heute immer wieder nach Parametern gesucht, die die Bewertung von Musik ermöglichen sollen. Dabei entlehnen wir häufig für die Musik oder das Musikdenken Beurteilungskriterien, wie sie auch für einen bestimmten zeitlichen, inhaltlichen, augenblicklich gesellschaftlichen oder individuellen Bereich angewendet werden.

<small>DIE FLORENTINER CAMERATA ALS GEBURTSSTUNDE DER OPER</small>

Der Homo sapiens wurde durch eine höhere Fügung und millionenfaches selektives Herumschnuppern in die Lage versetzt, sich materiellen, aber auch immateriellen Genüssen zuzuwenden, so die Oper zu erfinden – und Arbeitsplätze zu schaffen. Letzteres setzt allerdings voraus, daß der staatliche Sponsor, die öffentliche Hand, finanziell in der Lage ist und die Notwendigkeit erkannt hat, auch geistige Bedürfnisse des einzelnen und daher auch der Gemeinschaft – für uns durch den professionellen Gesang – sinnvoll wecken und stillen zu wollen.

Der Mensch lebt nicht von Unterhaltung allein. Auch sein Haushalt der Gefühle, seine derzeit so vieldiskutierte emotionale Intelligenz, braucht ihre Schulung durch Bereitstellung kultureller Bildungsangebote in einer aufgeklärten und friedvollen Demokratie.

<small>KÖNNEN WIR AUF KULTUR VERZICHTEN?</small>

Auf die dümmliche Frage, ob wir denn unbedingt Kultur brauchen, läßt sich ebenso zurückfragen, ob wir denn unsere inneren Organe benötigen oder unsere Arme und Beine.

Kultur macht uns (mit-)menschlich und daher komplett, im Gegensatz zur linearen Logik unseres Computers ...

Unkultivierte Menschen werden selbst durch beste Unterhaltung nicht kultiviert. Kultivierte, gefühl-volle Zeitgenossen diskutieren, tolerieren einander. Unkultivierte benutzen die Faust oder das Messer.

Daher die provokante Frage an die Gemeinschaft und ihre Administrativen: Wollen wir Kultur oder Kriminalität? Und wieviel ist uns eine kulturelle Präventivmaßnahme gegen die Verrohung unserer Gesellschaft wert? Oder sind die Kosten zur Bekämpfung der ständig wachsenden Brutalität geringer?

<small>DIE AUSBILDUNG DER GEFÜHLE</small>

Der lange Weg der menschlichen Evolutionsgeschichte hat den Homo sapiens durch millionenfache selektive Wahrnehmung genetisch in die Lage versetzt, zwischen Gut und Böse zu unterscheiden. Über eine gezielte (vor-)schulische Sensibilisierung

bezüglich unserer natürlichen Anlagen werden wir zu wertvollen, friedlichen und auch um andere besorgten Mitmenschen.
In diesem Zusammenhang erübrigt sich doch die Fragestellung nach dem Sinn von Kultur. Die gemeinsame staatliche Finanzierung von kulturellen Vorhaben – auch von geschultem Gesang – zur Heranbildung von gefühlsangereicherten Mitgliedern einer dann erst funktionierenden Gesellschaft darf auch gar nicht Subvention genannt werden. In wirtschaftlich härteren Zeiten wird kulturelle Bildung schnell als Einsparmöglichkeit vom Lehrplan gestrichen. Aber gerade in „schlechten Zeiten" sollten wir in die Ausbildung von Gefühlen für uns und somit füreinander investieren, um gemeinsame, schwierige wirtschaftspolitische Fragen mitmenschlich und verständnisvoll lösen zu helfen. Wird der natürliche Drang des Kleinkindes zum Singen gefördert, und spielt der Gesang beim Erwachsenen auch noch über das jährliche, leider nicht zu verhindernde „Happy Birthday" hinaus eine wichtige Rolle im täglichen Leben – sei es in Gesangvereinen, Kirchenchören usw. oder für den Zuhörer in Konzerten und Opernaufführungen –, so haben wir einen ganz entscheidenden Schritt unternommen auf dem Weg nach vorne, in eine möglichst unkriegerische Zukunft.

DIE VISION: EINE UNKRIEGERISCHE ZUKUNFT

# Eine einführende Gesangstunde

## Wege nach „Rom"

LEHRER UND SCHÜLER
„Viele Lehrer haben ein eigenes System zu unterrichten", sagt Arrigo Pola, der Pädagoge von Luciano Pavarotti, „doch ist die einzig richtige Methode diejenige, die sich der Schüler selbst zu eigen macht. Es ist unmöglich, einer (talentierten) Stimme etwas gegen ihre Natur beizubringen."
Lehrer und Schüler benötigen „Superohren", um sich zuzuhören, und eine grenzenlose Geduld für langwierige Korrekturen. Jeder Schüler bringt andere individuelle Voraussetzungen mit. Seine physischen und psychischen Anlagen sind Ansatzpunkt für den sehr persönlichen Einstieg und die Entwicklung seiner stimmlichen Fähigkeiten. Von Lehrer und Schüler wird daher ein hohes Maß an Einfühlungsvermögen gefordert, wenn es darum geht, den perfekten Sitz der Stimme aus dem „eingeschlafenen" Unterbewußtsein des Sängers hervorzulocken.

CLARA SCHUMANNS VATER
Friedrich Wieck, der Vater von Clara Schumann, fordert von einem Gesanglehrer feinsten Geschmack, tiefstes Gefühl, eine gediegene wissenschaftliche Bildung, eine möglichst durchgebildete eigene, schöne Stimme und zartestes Gehör. Nur durch Vorsingen kann – so Wieck – dem Schüler eine edle Tonbildung beigebracht werden. Denn das Nachahmungstalent ist stets beim Menschen vorherrschend.

NICOLA VACCHAI
Jeder Schüler, meinte der legendäre Pädagoge Nicola Vacchai, sollte *nur* mit italienischem Gesang beginnen. Vacchai legte passende Verse des italienischen Dichters Metastasio unter seine Übungstöne und schuf damit eine praktische Methode, um auch die gesangstechnisch so wichtige Elision (Anbindung) der einzelnen Silben, Konsonanten und Vokale zu verdeutlichen.

KARL DER GROSSE
Die Erziehung im richtigen kirchlichen Singen im Metz des achten und neunten Jahrhunderts geht auf Kaiser Karl den Großen zurück. Auf die Vorwürfe, nur ausländische Gesanglehrer engagiert zu haben, fragte der Regent, wo denn das Wasser am sau-

bersten sei, an der Quelle oder an der Mündung ...? So sei es auch mit dem Gesang, dessen Ursprung eben in Italien liege.
In Johann Matthesons' Schrift „Der vollkommene Kapellmeister" lesen wir allerdings Groteskes: „Man gehe an einen einsamen Ort im Feld, grabe eine kleine, doch tiefe Grube in die Erde, lege den Mund darüber und schreie die Stimme da hinein, so hoch und so lange, als es nur immer ohne großen Zwang geschehen kann. Dadurch oder durch dergleichen öfters anzustellende Übungen werden die Werkzeuge des Klanges, absonderlich bei Mutierenden, überaus glatt und rein wie ein Blasinstrument, das desto anmutiger klingt, je mehr es gebraucht und durch Luft gesäubert wird." Zitat Ende.

JOHANN MATTHESONS

Leider gibt es aus dieser Zeit noch keine erhaltenen Tonträger, die die Stimmruinen aus dieser Praxis bescheinigen könnten!
Stellen wir uns vor, wir wären noch ein Kind, das seine ersten Lebensjahre mit rein motorischem Lernen verbringt. Diese zwecknaive Grundhaltung kann uns die ungewohnten und erst einmal wenig intellektuellen Anforderungen, die die Suche nach dem idealen Stimmsitz mit sich bringt, erläutern. Vor unserem erfahrenen Pädagogen brauchen wir uns nicht zu schämen, und der neugierigen Öffentlichkeit ersparen wir die rätselhaft kuriosen Übungstöne. Wir lassen unser Publikum besser im Glauben, der später so wohltönende und bestens artikulierte Vortrag sei eben doch in der Summe die künstlerische Aussage eines gottbegnadeten Talents und der fertige „Großstimmbesitzer" einfach „mir nichts, dir nichts" vom Himmel gefallen.

ZWECKNAIVITÄT

## *Jetzt wird gesungen ...*

Eine klangvolle Stimme muß kein Zufall sein. Sie ist abhängig von einem komplexen Zusammenspiel einzelner Körperfunktionen. Ein guter Stimmsitz ist erlernbar, wir müssen uns nur wieder auf unsere natürlichen Fähigkeiten besinnen.
Der Klang der Stimme ist ein wichtiger Informationsträger. Sein Mitteilungswert ist fünfmal so hoch wie der verbale Inhalt der Aussage. Der Ton macht die Musik und ist ausschlaggebend für „hire or fire", den erfolgreichen Vertragsabschluß oder den kommunalpolitischen Wahlsieg. Durch eine Optimierung unseres Atmens und Stimmklangs verbessern wir unser Allgemeinbefinden und erreichen höhere private und berufliche Ziele.

DER GUTE STIMMSITZ

## DIE ÜBUNGSSTUNDE

*Die gymnastischen Übungen.*

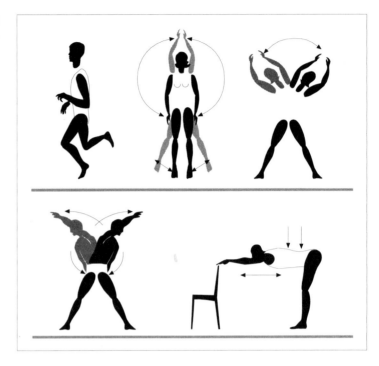

*Richtige Haltung ist wichtig.*

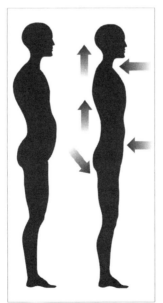

1. Ein trainierter Körper ist gut durchblutet und Basis für jedes Singen.

2. Wir stehen gerade, die Brust „heraus".
links: falsche Haltung
rechts: richtige Haltung

3. Wir atmen durch die Nase ein, und bitte nicht die Schultern anheben! Unser Kehlkopf senkt sich nach unten. Auch unser Zwerchfellmuskel (Diaphragma) flacht dabei ganz automatisch seine Kuppel ab, und unsere Lungenflügel breiten sich nach unten aus. Das heißt: Kehlkopf, Lunge und Zwerchfell zeigen ein Synchronverhalten. Wir atmen langsam aus.

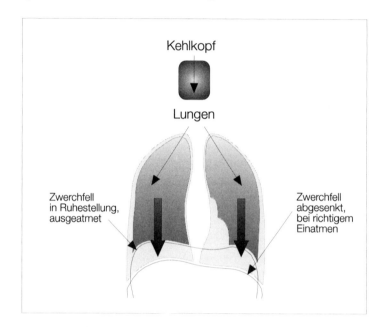

*Synchronverhalten von Kehlkopf, Lunge und Zwerchfell.*

4. Es gibt drei Möglichkeiten zu atmen.

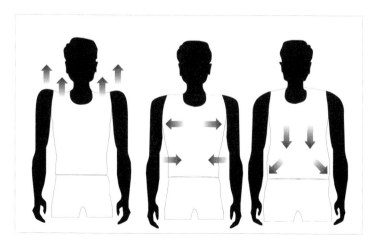

*links: Clavicularatmung*
*Mitte: Costalatmung*
*rechts: Abdominalatmung*

5. Wir gehen in die Hocke, atmen durch die Nase ein und spüren, wie sich die Luft tief bis in unsere Flanken ausbreitet.

6. Die Brust-Bauch-Atmung ist die effizienteste, da sie uns mit einem unbeschwerten Maximum an Atemluft und Sauerstoff versorgt. Unsere Lungen können sich nur nach unten ausdehnen.

*Die Brust-Bauch-Atmung.*

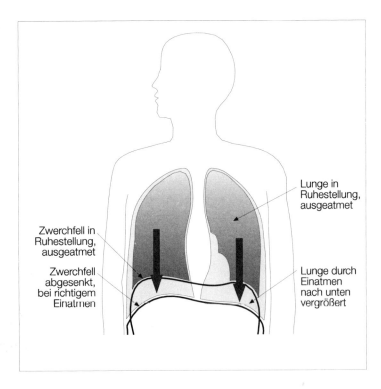

7. Zum Singen brauchen wir Luft, damit der Ton, den unsere schwingenden Stimmbänder nach unserem Willen erzeugen, in unseren Hohlräumen über dem Kehlkopf zum Klingen kommt.

8. Der Luftdruck aus unseren Lungen in Richtung Kehlkopf (subglottischer Druck) muß konstant sein, damit ein kontrollierter Ton entstehen kann. Das heißt, wir müssen uns bemühen, keine Luft ungenutzt ausströmen zu lassen. Diese sängerfreundliche Minimalluftabgabe entsteht durch ein „verhaltenes" Ausatmen bei dem Gefühl, gleichzeitig einatmen zu wollen. Zuviel eingeatmete Luft behindert allerdings die Flexibilität des Zwerchfellmuskels. Restluft bleibt immer in den Lungen, damit sie und wir nicht zusammenbrechen.

DAS „VERHALTENE" AUSATMEN BEIM SINGEN

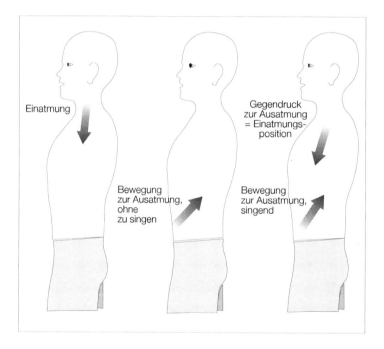

9. Durch willentlichen Anstoß der Stimmbänder entsteht ein Ton, nicht durch Ausatmen von Luft! Wir brauchen jedoch die Ausatmungsluft, um den erzeugten Ton in unserem Ansatzrohr zum Klingen zu bringen. Dabei muß die Mundhöhle optimal geöffnet bleiben. Wir denken dabei daran, ein Gefäß zu formen.

DAS ANSATZROHR

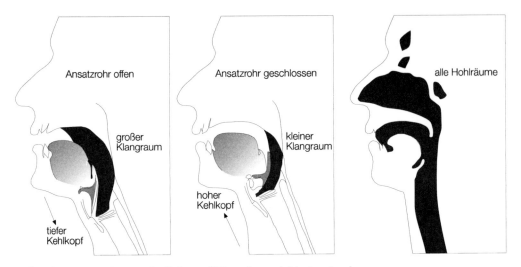

*rechts: das gesamte Ansatzrohr, links und Mitte: das variable Ansatzrohr.*

SPRECHEN UND SINGEN

10. Beim normalen Sprechen sind nicht alle Vokale im Mund- oder Rachenraum an derselben Stelle positioniert. Daher suchen wir einen möglichst gemeinsamen Platz für unsere Tonproduktion, um unseren Gesang zu „fokussieren" (wie z. B. einen gebündelten Lichtstrahl). Mundraum, Kehldeckel, Gaumen, Zunge und Lippen funktionieren wie der Trichter einer Trompete und formen so das gesungene Wort. (Schauspiel-)Sprache und Gesang widersprechen einander hier deutlich, obwohl stimmgeschulte sprechende Mimen auch vom Klang ihres Instrumentes profitieren.

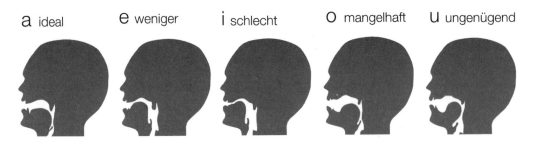

*Die Mundhöhlenform soll sich A annähern.*

11. Ein Hertz (Hz) entspricht jener Tonschwingung, die, in Luft gemessen, in einer Sekunde dreihundertvierzig Meter zurücklegt. Natürliche Töne bestehen aus sich überlagernden Schwingungen, einem Grundton und Obertönen, welche in mathematischen Abständen darüber liegen. Dort, wo sich Obertöne bündeln, entsteht ein für unsere Zwecke günstiger Formant. Hier wird die Stimme „fokussiert". Der Vokal A hat die günstigste Anzahl Hz (Frequenz), um immer gut hörbar zu sein.

12. Durch eine tiefe Kehlkopfposition (Einatmen durch die Nase) und eine Öffnung des Mundinnenraums wie zu einem Gefäß erreichen wir auch für die Vokale E, I oder U usw. eine Annäherung an den physikalisch-akustischen Vorteil des Vokals A, also eine bessere Tragfähigkeit auch für diese Vokale.

13. Durch Resonanzvorstellungen, ein Hindenken in bestimmte Kopf-, Hals-, Brust- oder Nackenpartien – um diese in der Vorstellung für den Aufbau eines Stimmklangs zu „öffnen" oder zu aktivieren –, wird das komplexe Zusammenwirken aller zum Singen benötigten Körperfunktionen beeinflußt.

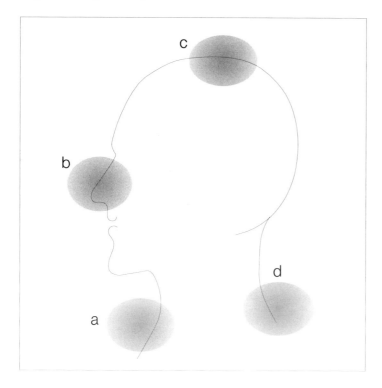

*Die Resonanzvorstellungen (nach Husler) werden im folgenden anhand praktischer Singübungen erläutert. Der Autor ist übrigens ein Husler-Schüler zweiten Grades.*

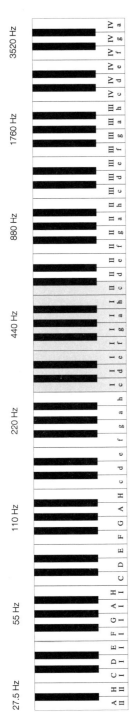

14. Für die nun folgenden praktischen Übungen ist es nützlich, sich zunächst mit der Klaviatur eines einfachen Tasteninstrumentes (Keyboard) oder, so vorhanden, eines Klaviers vertraut zu machen. Nebenstehend ist die gesamte Klaviatur abgebildet, in der untenstehenden Grafik die Klaviatur einer Oktave mit den entsprechenden Noten und Notenbezeichnungen. Um die Noten in der richtigen Tonhöhe zu singen, empfiehlt es sich, den entsprechenden Ton am Klavier oder Keyboard anzuschlagen und nachzusingen.

Die folgenden Übungen müssen oft wiederholt werden, ähnlich dem Training beim Sport. Sie sind täglicher Teil des Sängerlebens.

a) Bei der Resonanzvorstellung (a) (siehe Grafik Seite 103) setzen wir den Ton gedanklich an den oberen Rand unseres Brustbeins, dadurch wird der Kehlkopf tiefgestellt. Das Ansatzrohr ist offen, und der gesungene Ton wird groß und tragfähig.

b) Die „Maske öffnen" bedeutet ein Hindenken in die Nase (siehe Grafik Seite 103 b). Dafür ist das obige Notenbeispiel, gesungen mit non, non, non statt ja, ja, ja geeignet.

c) Beim Üben von ju, ju, ju und jü, jü, jü im obigen Notenbeispiel wandert das Resonanzgefühl über den Nacken und unsere Ohren hinauf bis unter die Schädeldecke (in der Grafik c). Hier ist dann – wiederum gedanklich – das obere Ende eines ausgezogenen Gummibandes, welches in unserer Vorstellung mit dem unteren Ende das Zwerchfell absenkt. Der Druck im Oberbauch geht dabei nach unten und außen, und der Unterbauch zieht leicht ein. Wir hindern damit die Ausatmungsluft am raschen, unvorteilhaften Austritt. Wir stellen uns vor, daß sich in uns eine stehende Luftsäule bildet.

Übungen mit U und Ü im obigen Notenbeispiel sind eine Therapie gegen flache, enge oder gequetschte Stimmführung.

d) Sänger mit Hindenken auf ihre Nackenpartie (in der Grafik Seite 103, d) bringen dadurch ihren Kehlkopf auf die optimale tiefe Position. Die Nutzung des dadurch größtmöglichen Raumes in unserem Ansatzrohr läßt auch den vollsten und tragfähigsten Ton zu. Die Klangschönheit wird ebenfalls davon beeinflußt. Dafür eignet sich gut die Silbenfolge om, om, om, gesungen im oben gezeigten Notenbeispiel, wobei das O von Om wie „offen" und nicht wie beim Wort „Vogel" intoniert wird.

15. In der Praxis müssen alle Kopf-, Brust- und Nackenregionen sowie die Nase gleichzeitig „angedacht", „geöffnet" werden, um den gesungenen Ton in seiner Position, Größe, Schön-

heit und Tragfähigkeit nach allen Regeln dieser schwierigen Kunst zu optimieren.

Natürlich üben wir am besten *das,* was uns von jeder Einseitigkeit der Klangvorstellung und -ausführung entfernt.

DAS EINSINGEN  16. Für jeden Einsatz müssen wir das Instrument neu aufbauen. Diesen Vorgang nennen wir „Einsingen" (vocalizzare):
a) einatmen,
b) „dosiert" ausatmen und gleichzeitig
c) die Stimmbänder (durch die willentliche Intention, einen Ton zu singen) anspannen und in Schwingungen versetzen. Unterschiedliche Spannungen erzeugen unterschiedliche Tonhöhen.
d) Eine überaus komplexe Funktionalität, die Muskeln des inneren Oberschenkels, die Gesäßmuskulatur, die des Rückens, des Unter- und Oberbauchs, des Brustraumes, des Nackens, die Empfindung im Ansatzrohr und das „Gummiband" in unserem Inneren erstellen das Instrument.

Kein Wunder, daß wir oft viele Jahre benötigen, um den gleichzeitigen Ablauf dieser Vorgänge zu erlernen. Erst dann gelingt es uns, sie synchron und aus dem Unterbewußtsein heraus auszuführen.

17. Es folgen einige nützliche Übungen zur Stimmbildung.

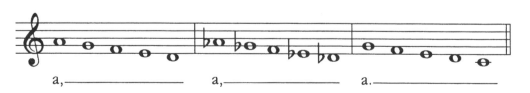

ja— je— jü,—

ja— je— jü,—

ja— je— jü.—

Nicht von ungefähr beginnt das berühmte Mantra mit der heiligen Silbe des Buddhismus OM: OM MANI PADME HUM (oh du schönes Juwel im Lotus). In allen Religionen singt man Silben und Phoneme, die stimmbildend und „energiespendend" sind.

ZWEI LIEDER

18. Nach der Arbeit kommt das Vergnügen: Damit wir beim nächsten Geburtstagsfest das „Happy Birthday" schwungvoll intonieren können, folgen nun die Noten dazu mit einer einfachen Klavierbegleitung.
Für etwas fortgeschrittene Sänger und Klavierspieler eignet sich auch „Caro mio ben" von Giuseppe Giordani hervorragend als Vortragsstück für Festgäste (Seiten 112 bis 114).

*für Bernd*

**Happy Birthday**

Arr.: Christoph Dammann

# Caro mio ben

Giuseppe Giordani (1744 - 1798)
Arr.: Christoph Dammann

Ca - ro mio ben, cre - di mi al - men, sen - za di te lan - guisce il

cor,— ca - ro mio ben, sen - za di te lan - gui - sce il

## *Der Operngesang*

Ob jeder noch so gut und schön singende „Orpheus" mit seinem Gesang Tote aufwecken und ein Geschäft aufmachen sollte, ist wirklich fraglich. Denn wer seine Ware zu Markte tragen will, der muß sich den dortigen Gesetzen beugen. Hier werden aus der Musik, aus unserem professionellen Gesang, käufliche Güter. Und diese schweben jetzt plötzlich nicht mehr als „hehre Götterwölckchen" am Firmament.

PROFI ODER AMATEUR?

*„Die Liebe und die Musik sind wunderbare ‚Himmelsmächte'. Wenn man sie allerdings professionell betreibt, dann landen wir mit ihnen in der Hölle, und es geht primär nur noch mit dem Teufel zu . . ."* Joseph G. Moischinger

Da künstlerische Befriedigungswerte individuell erfahren werden, ist dieses immaterielle Gut nicht so einfach meßbar! In der Folge wird die Ware Gesang nicht selten als solche mißverstanden und einer Art Narrenfreiheit geopfert, die dazu herhalten muß, schamlose Geschäftspraktiken zu vergolden. Auch wird dabei nicht selten und ganz entgegen dem Prinzip der Gleichberechtigung in Schubfächern kategorisiert und somit gefördert oder ausgegrenzt. Wird unser professioneller Gesang zum käuflichen Produkt, so handelt es sich bei der klassischen Musik um Oper oder Konzert.

KUNST IST NICHT MESSBAR

Leider sind heute einige wichtige deutschsprachige Opernkompositionen der Vorwagnerzeit von den Spielplänen der Theater verschwunden. Auch die Operetten sind größtenteils dem Zeitgeschmack gewichen, und die italienische Oper wird nur noch in Originalsprache gegeben. Text und Musik sind allerdings in der Tat ein einheitliches Kunstwerk auf der Bühne und völlig zu Recht nicht in andere Sprachen zu transportieren.

DAMALS UND HEUTE

### LEICHT- UND SCHWERATHLETIK BEIM GESANG

Spricht man heute beim Operngesang vom „deutschen Fach", so meint man damit in erster Linie die Kompositionen von Richard Wagner und Richard Strauss. Diese verlangen mit ihrer musikalischen „Schwerathletik" von den Interpreten „spezielle" Stimmbänder und sehr viel Kraft und Ausdauer. Da aber die meisten Sänger dieser Welt in lyrischen Fächern, also in der „Leichtathletik", beginnen, dort bleiben oder sich nach unterschiedlich langen Berufsjahren – und nicht zu früh – erst in die „Schwerathletik" begeben, sind sie auf die lyrischen Fächer dringend angewiesen. Übrigens: Eine lyrische, weiche Stimme kann mit den Jahren voluminöser werden, wird sie jedoch zu einer dramatischen, harten hin vergewaltigt, leidet sie und wird im Endeffekt krank.

DIE LEICHTATHLETIK   Auch die italienische Oper beansprucht sicherlich viel Kraft und Ausdauer. (Auch gibt es dort nicht wenig Dramatik.) In ihrer Beschaffenheit ist sie für die Sänger anders gelagert und behutsamer orchestriert als das heutige „deutsche Fach". Sie ist Balsam für die Stimmen und das Ohr des Publikums. Vieles aus diesem Repertoire kann man daher als lyrisch bezeichnen. Daher gilt der Vergleich mit den Sportbegriffen Schwer- und Leichtathletik auch für die Unterscheidung in der Vokalmusik.

*„Ist der italienische Gesang in deutschen Kehlen möglich, so kann dies aufgrund der zugleich angeeigneten italienischen Sprache sein; denn keine andere Sprache, als eben diese, konnte bei der Ausbildung des Gesanges eine so sinnliche Lust am reinen Vokalismus – am sogenannten Solfeggio – aufkommen lassen und unterstützen."*
Richard Wagner über dieses Thema

Das bedeutet: Die italienische Sprache ist eines jeden Gesangsadepten *Pflicht*. Wie keine andere fördert sie die Stimmbildung. Daher pflegt auch die in der Originalsprache gesungene italienische Oper das funktionelle Singen in hohem Maße.

WAGNER, STRAUSS UND   Die italienische Oper ist darüber hinaus frei von den Belastungen der deutschen Nazivergangenheit, im Unterschied zu den Komponisten Richard Wagner und Richard Strauss mit ihren Werken. Beide werden in der internationalen Opernwelt regelmäßig attackiert und zum Beispiel in Israel nicht aufgeführt.

*„Wir hatten abgemacht, ich halte das Eishockey-Spiel durch, und du siehst dir die ganze Oper an."*
*„Ich kann mir so viel Wagner nicht anhören, verstehst du?"*
*„Aber was . . ."*
*„Ich verspüre dann den Drang, in Polen einzumarschieren . . ."*
Woody Allen
Aus der Kriminalkomödie „Manhattan Mystery".
(Das Hamburger Abendblatt preist dies als *so viel geschliffenen Witz* am 31. März 1994)

## OPER HEUTE

In der Regel und aus obigen Gründen singen die *italienischen* Sänger weltweit nur Werke ihrer eigenen Komponisten.
Die *englischen* und *amerikanischen* Sänger bestreiten international die Leicht- und die Schwerathletik, also das lyrische italienische *und* das dramatische deutsche Wagner- und Straussfach.
Auch die *russischen* Kollegen singen natürlich russisch, aber auch italienisch.
Die *deutschsprachigen* Künstler aber werden international lediglich für die dramatischen Opern von Wagner und Strauss zugelassen und teilen sich darüber hinaus diese „Schwerathletik" im In- und Ausland mit Sängern anderer Zungen. Geringfügige Ausnahmen bestätigen auch hier die Regel.
Das zeigt sich an

DIE PRAXIS INFORMIERT

o den Besetzungslisten (Spielplänen) der internationalen Opernhäuser oder Festspiele,
o den Künstlerlisten der Agenturen,
o der Präsenz der internationalen Agenten auch auf dem deutschsprachigen Markt,
o den Katalogen und der Künstlerpromotion der Plattenfirmen,
o den Schaufenstern der Plattengeschäfte,
o der Präsenz und Bewertung der internationalen Künstler in den internationalen Medien.

Wer singt im In- und Ausland italienische Rollen wie Aida, Radames, Nemorino, Azucena, Cavaradossi, Tosca, Othello, Desdemona u. v. a.? Wer singt aber auch deutsche: Wotan, Sieglinde, Venus, Marschallin, Sachs, Salome, Arabella u. v. a.?
Dazu ein hochrangiger deutscher Kulturpolitiker:
„... daß schwerpunktmäßig von den deutschen Sängern Partien aus dem deutschen Repertoire verlangt werden, liegt in der Natur der Sache..."
Verlangt man denn von den englischen oder amerikanischen Sängern auch nur das „englische Fach"? Von den russischen Dirigenten nur die „russische Oper"?
Eine individuelle Veranlagung des einzelnen Künstlers ist es – *sie liegt in der Natur der Sache.*

DIE STIMMLICHE VERANLAGUNG

Der Tonumfang der Stimme, die Stärke und Spannbarkeit der Stimmbänder, die Farbe der Stimme, ihr Timbre sowie die jeweilige Persönlichkeit des Interpreten und ein sehr intensives Interesse an der Kultur und Mentalität oder der italienischen, französischen oder deutschen Sprache sind ausschlaggebend für die Entscheidung Schwer- oder Leichtathletik! Also: Wagner, Strauss und/oder Verdi und Puccini.

**INTERNATIONALITÄT!** Nicht Nationalität, sondern Internationalität auch für die deutschsprachigen Künstler und damit weg mit dem Wettbewerbsnachteil – *das läge in der Natur der Sache.*

Nicht jeder deutschsprachige Künstler ist automatisch blond und blauäugig ... Das ist es doch, was wir mit allen unseren Kräften verhindern wollen. Es wäre allerdings ebenso falsch, die blauäugigen Blonden auszuklammern ...

**DAS AUSBILDUNGSNIVEAU** Die amerikanischen und englischen Kollegen verfügen oft über eine glänzende Ausbildung – für beides, die Leicht- und die Schwerathletik.

Wie ist es in diesem Zusammenhang um die Effizienz der hochsubventionierten Institute in den deutschsprachigen Ländern bestellt? Es muß ja einen Grund geben für die ungleiche Verteilung des Kuchens ...

**REELLE CHANCEN?** Der derzeitige Markt ist aufgrund des beschränkten „deutschen Faches" geschrumpft. Weitere spezielle Einschränkungen erfahren die deutschsprachigen Sänger – und auch die Skandinavier – über die derzeitigen Gepflogenheiten im Geschäft und den Nationalstolz bestimmter Länder. Zusammenhalt kommt – analog zum Sport – vielerorts als Heimvorteil oder eben -nachteil zum Tragen.

Daß „fallweise" Einschränkungen durch entsprechende Gewerkschaften im Ausland die Besetzungspolitik zum Nachteil deutschsprachiger Sänger „tangieren", gibt der Kulturpolitiker in seinem Schreiben durchaus zu.

„Wir sind in dieser Hinsicht toleranter als andere Länder", meint dazu ein anderer sehr hoher deutscher Politiker. Wem gegenüber sind wir toleranter?

**WÜNSCHE BLEIBEN OFFEN** Prüfen wir deshalb unsere dezimierten Chancen, bevor wir die besten Jahre unseres Lebens vergeuden. Unser Mut zum Risiko sollte Boden unter den Füßen haben, denn Wünsche werden in unserer durch und durch kapitalistischen Welt selten erfüllt.

**DAS ÜBERANGEBOT** Alleine bei der staatlichen Vermittlung in Deutschland sind ca. achthundert Sängerinnen und Sänger im Alter zwischen fünfundzwanzig und fünfunddreißig Jahren registriert. Dabei gibt es noch zusätzliche private Agenturen und Vermittler von zusätzlichen Künstlern und viele Sänger im Alter über fünfunddreißig ...

*„Vieles soll sich ändern. Ein Ruck wird verlangt. Aber wer traut sich schon, Klartext zu reden? Wo schließlich die Angst vor moralischer Verdammung den Mund versiegelt, wo ‚protektive Gruppen' die unangenehmen Wahrheiten nicht aufkommen lassen, wird jede Diskussion unscharf. Eine offene Gesellschaft verlangt offene Worte ..."*

Dieter Buhl in „Die Zeit" Nr. 45 am 31. Oktober 1997

Deshalb gilt:

*„Wer die Wahrheit nicht weiß, der ist bloß ein Dummkopf. Aber wer sie weiß und sie eine Lüge nennt, der ist ein Verbrecher."*

Bertolt Brecht

*„... Auch ist ze dichten gar geferlich, dieweil man leit die Wahrheit schwerlich ..."*

Hans Sachs im sechzehnten Jahrhundert

# Die Leistungsverwertung

## *Erste Schritte in die Praxis*

**Lehrerwechsel**

Nach einigem lästigen und deprimierenden Hin und Her haben wir unseren „Gesanglehrer-Guru" gefunden und mit seiner und unserer eigenen großen und jahrelangen Geduld eine vielversprechende Sopran- oder Baßstimme entwickelt. Auch haben wir als treffliche Stimmbesitzer hervorragende Ergebnisse bei der Abschlußprüfung an unserer Alma mater hinter uns.

Dort wurden Lieder und Arien, aber auch schon ein paar Opernrollen musikalisch erarbeitet und auswendig gelernt. Und jetzt brennen wir darauf, den professionellen Gesang als sprudelnde Einkommensquelle zu nutzen.

**Der Weg zum ersten Engagement**

Eine bravourös bestandene Abschlußprüfung in der Tasche bringt uns schon jetzt einen Vorteil im Hinblick auf die spätere Pension. Beim augenblicklichen Stand der gesetzlichen Lage zählen berufliche Ausbildungszeiten zum Teil als beitragsfrei, aber trotzdem anrechenbar für unsere Rentenversicherung – sofern diese durch entsprechende Examina belegt sind. Selbstverständlich können sich die dafür bestimmten gesetzlichen Grundlagen auch wieder ändern, denken wir zum Beispiel nur an den bald nicht mehr finanzierbaren Sozialstaat.

**Ein Examen nützt wenig**

Leider nützt uns das noch so brillant bestandene Abschlußexamen gar nichts. Wir müssen unser Können und unsere Leistungsbereitschaft erneut und zuweilen vielmals unter Beweis stellen, um auch nur in die Nähe eines Opernhauses oder in die Garage einer Konzerthalle zu gelangen.

**Gesangswettbewerb**

Entweder wir stellen uns gleich nach diesem fulminanten Prüfungsergebnis einem renommierten Gesangswettbewerb, dessen positives Ergebnis die einschlägigen Medien zur lobenden Kenntnisnahme in die Gegend posaunen, und gewinnen dort dank unseres stimmlichen Könnens, unserer darstellerischen und repräsentativen Überzeugung, unserer Unverbindlichkeit, charismatischen Ausstrahlung und unverschämten Chuzpe den ersten Preis mit Sternchen, oder wir klopfen fürderhin unermüdlich monate- oder jahrelang an diverseste Agententüren.

Im zweiten Fall warten wir dann immer wieder in engen, schlecht gelüfteten Vorzimmern neben vielen anderen Bittstellern geduldig auf die gestreßte Assistentin des ständig überlaufenen, staatlich zugelassenen Arbeitsvermittlers und endlich, nach dem stereotypen Vorsingen unserer Lieblingsarien, auf dessen lakonisches „Don't call us, Sie hören von uns" oder auf unser wirklich seltenes Glück.

DIE „OCHSENTOUR"

Vor der Demonstration unseres Könnens und unserer unwiderstehlichen Persönlichkeit wäre es nicht schlecht herauszufinden, welche Stimmfächer und Rollen gerade an welchen Opernhäusern vakant sind.

Angebot und Nachfrage sind – analog zum Verkauf jeder Ware oder Dienstleistung – von vielen determinierenden Faktoren abhängig, in unserem Fall auch von Modeerscheinungen, die sich unter Umständen dahingehend äußern können, daß im Augenblick ganz schwierige, kräftezehrende Partien (die normalerweise langjährige erfolgreiche Praxis erfordern) mit unerfahrenen „Newcomern" besetzt werden.

DIE DIENSTLEISTUNG IST WARE

Gute Künstleragenten wissen natürlich schon, was gerade irgendwo auf dem kommenden Spielplan stehen wird und welche Rollen auf dem Markt dafür angeboten werden. Es kann ausschlaggebend sein, ob sich der beste Agent und der anbietende Operndirektor gerade wieder einmal nicht mögen oder ob der Chefdirigent des Hauses – der sich normalerweise wenig in die Besetzungspolitik einmischt – zufällig (und seit dem letzten Besuch im Palmengarten) eine bestimmte, sehr exotische Sopranistin bevorzugt . . . Und die weitere fundamentale Frage stellt sich quasi von selbst: Wie sieht die Liste des großen Impresarios aus, welche Sängerinnen und Sänger vertritt er bereits? Welche großen Namen darauf grasen schon höchst einträglich alle blühenden Theaterwiesen ab? Wird er es sich erlauben können, den Zorn eines seiner Stars heraufzubeschwören, wenn er uns, den Fachkollegen, die hübsche und jüngere Kollegin, auf dem Wege zum Erfolg begünstigt?

WIE AGENTEN ARBEITEN

Welche Haarfarbe ist gefragt, welche Nase, Religion, Konfession, Staatsbürgerschaft oder Sekte? Was ist gerade total „in" oder fürchterlich „megaout"?

Es wird von Vorteil sein, wenn wir unsere Studienzeit nicht nur in der Klausur unserer Hochschule verbracht haben, sondern schon während dieser Jahre soviel informative Theaterluft geschnuppert haben wie nur irgendwie möglich.

THEATERLUFT

Warum werden wir nicht Statist auf der örtlichen Bühne? Jedes große Theater braucht des öfteren Laiendarsteller, die stumme Rollen übernehmen und die ein beauftragter theaterinterner Statistenführer oder eine -führerin nach augenscheinlicher Auswahl einkauft. Mit dieser wunderbaren Gelegenheit können wir uns mit den großen und arrivierten Sängerinnen und Sängern gemeinsam auf die Bühne stellen, die Angelegenheit an Ort und Stelle konsumieren, daraus lernen und uns auch noch ein entsprechendes Zubrot zu unserem (mageren) Stipendium verdienen. Damit finanzieren wir dann geschickt billige Studienreisen zu anderen Opernaufführungen in anderen Städten . . . und keinen Urlaub auf den Kanaren!

DIE HILFREICHE BEGLEITUNG

Zum ersten und jedem weiteren Vorsingen bringen wir am besten unseren eigenen Pianisten (Pianistin) mit. Wir kennen und vertrauen ihm, wenn er unsere „Schokoladentöne" optimal begleitet. Wenn wir von weiter her anreisen, wird dies schwierig und kostet natürlich entsprechend mehr. Für solche Fälle heuern die Agenturen entsprechende Klavierbegleitung an. Zumeist sind dies dann Korrepetitoren des örtlichen Opernhauses oder des Konservatoriums. Es empfiehlt sich, „Mitspieler" vorher zu kontaktieren und das Vorsingen mit ihnen musikalisch gut zu präparieren und detailliert abzusprechen, und zwar möglichst nicht erst eine Viertelstunde vor dem großen Lampenfieber.

HOTELBUCHUNGEN . . .

Bei Hotelfragen können Agenturen helfen, und oftmals gibt es durch diese Vermittlung einen Künstlerrabatt für unseren schmalen Geldbeutel.

Wir lassen uns die Buchung vom Hotel bestätigen, fragen dort (per Fax) nach dem spätesten Anreise- oder „Eincheckertmin". Ob sich die unvermeidliche Baustelle immer noch im Nebenzimmer befindet? (Nachts wird erfahrungsgemäß weniger oft preßluftgehämmert, doch morgens zu sängerisch „nachtschlafener" Unzeit . . .) Oder wird dort gerade tagelang Geburtstag gefeiert, eine japanisch-deutsche Vertragsunterzeichnung zelebriert – mit Karaoke? Ist das Fenster in der „Hotelzelle" zu öffnen, fährt die lärmende Hochbahn vorbei? Läßt sich die sängerfeindliche Klimaanlage „erschlagen"? Können wir das ewig und grundlos aufweckende Telefon „erwürgen"? Haben wir heißes Wasser aus der Leitung, Frühstück ans Bett und bis wann?!

Wir gewöhnen uns schnellstens an den Gebrauch von lärmschützenden Ohrstöpseln und benutzen einen eigenen, aufziehbaren Reisewecker! Batterien geben in der Regel immer gerade dann ihren elektrischen Geist auf, wenn uns der allertüchtigste aller weltweiten Agenten persönlich zum morgendlichen Vorsingen lädt . . .

Und nach dem Frühstück und der Gymnasik vor dem TV: Wo können wir uns einsingen? Das ist die Kapitalfrage! Vielleicht besorgt uns der Korrepetitor eine Möglichkeit in der Oper, im überfüllten Konservatorium, oder wir fragen den Hoteldirektor, seine Empfangsdame, ob man uns den Heizungskeller für eine halbe Stunde überläßt oder allenfalls eine der Garagen . . .

WO SINGT MAN SICH EIN?

In unserem Hotel dürfen wir in der Regel keine Gesangsübungen an die Wände dröhnen lassen, mein lieber Baß. Und unsere schrillen Spitzentöne, die jedem Salesmanager im Nebenzimmer durch Mark und Bein gehen, diese endlosen Kaskaden von Vokalen „ohne Sinn und Zweck", mein lieber Sopran: das mögen die anderen Hotelgäste aber wirklich nicht.

## *Orpheus und sein Agent*

Es gibt Millionen (unerklärliche) „Mikrogründe" dafür, akzeptiert oder abgelehnt zu werden, die sich dann unglaublich „makro" auswirken können. Im negativen Fall bleibt einem nichts weiter übrig, als weiterhin die Klinken der Agententüren zu putzen.

In einer Vertretung mit eventuellem Sitz in New York ist dies nicht ungünstig für unseren unbekannten Namen, denn von dort aus wird das internationale Musikleben gesteuert. Dort haben die mächtigen Plattenfirmen ihre Zentren, und auch die Promotionleute, die Trommler für die Künstler, agieren von dort aus. Und deren erfolgreiche flankierende Maßnahmen wirken international . . .

Große Agenturen sind gelegentlich überfordert, wenn es um den gezielten Aufbau einer neuen Sängerkarriere geht. Sie verwalten eher, verteilen die eingehenden Angebote unter die teuersten ihrer „Superschafe" und stehen daher auch bisweilen in einem Interessenkonflikt mit der künstlerischen Komponente des professionellen Sängers.

ÜBER DEN AUFBAU EINER SÄNGER(INNEN)KARRIERE

So ein großer Betrieb hat in der Regel ja auch nicht viel von einem gut gesungenen Ton, dafür kann er sich kein Butterbrot kaufen. Wenn die Firma weiterhin liquide bleiben will, dann wird man sie nach unternehmerischen Richtlinien führen und die laufenden hohen Unkosten nicht nur decken, sondern auch Gewinne erzielen müssen.

Da sind einmal die Mitarbeiter mit ihren Fixkosten, da ist die Miete für die Räumlichkeiten, da sind enorme Telefon- und Faxgebühren und ungeheure Reisespesen. Denn Agenten müssen sich, ähnlich den freischaffenden Sängerinnen und Sängern, an allen Opernhäusern der Welt „herumtreiben" und sehr oft mit irgendwelchen Einflußreichen der Opern- und Konzertindustrie geschäftlich essen gehen . . .

PECUNIA NON OLET . . .
GELD STINKT NICHT

Vieles, wenn nicht bald alles auf den Brettern, die die Welt bedeuten, hat primär mit dem schnöden Mammon zu tun, denn wir wollen ja unsere Dienstleistung an den meistbietenden Abnehmer verkaufen.

Die grundsätzlichen Fragen in diesem Zusammenhang stellen sich für den Künstler, aber auch für den gewissenhaften Impresario: Welche Gesangspartie wollen wir dem Markt wann, wo und unter welchen Bedingungen anbieten? Welcher einzelne dieser Faktoren spielt jetzt gerade beim Stand aller derzeitigen Erwägungen die wichtigste Rolle, bzw. wo wäre der augenblickliche und hoffentlich zu reparierende Engpaß?

Bereits zu diesem Zeitpunkt – wenn nicht schon während des Studiums – empfiehlt es sich dringend, über ein persönlich zugeschnittenes Marketing nachzudenken. Mehr darüber folgt noch später.

DIE KLEINE FIRMA

Die eventuell kleinere, beinah familiäre Künstlerbetreuung hat in unserem jeweiligen Stimmfach nur wenige Sänger oder eventuell nur unseren einzigen Namen in der Vertreterliste (im völlig unwahrscheinlichen Idealfall natürlich). Das bringt den Vorteil, daß sich immer jemand um unsere Belange kümmern wird, und manchmal den Nachteil, daß große Agenten zuweilen mehr Einfluß auf Opernhäuser und deren Besetzungspolitik ausüben können als vergleichsweise kleinere Vermittler mit nur wenigen Sängern unter ihrem Firmendach.

Welche Stardirigenten, Regisseure oder Intendanten lassen sich durch wen vertreten? Welche nützlichen Querverbindungen bestehen? Wie ist der neueste Stand der Dinge, und wer kann darüber Auskunft geben?

Auch hier gilt es, sich gut zu informieren – soweit wir überhaupt Gelegenheit erhalten, den Agenten schon zu Beginn unserer

Laufbahn auswählen zu dürfen. Dies wird uns jedoch um so besser gelingen, je mehr die Schlitzohren des „smarten" Impresarios schon beim Vorsingen eine zweite Rysanek oder einen zweiten Pavarotti aus uns heraushören.

*Wie Agenturen planen*

Agenturen planen erfahrungsgemäß kurzfristig, was die Buchungen anbelangt, Künstlermanager bauen eher Karrieren auf und haben somit zeitlich etwas andere Zielvorstellungen bezüglich ihrer Gewinnabschöpfung. Sie gehen selektiver vor und investieren daher eher in eine steigende Erfolgskurve ihrer stimmlichen und darstellerischen Helden. Die Vorgangsweise geschickter Agenten beinhaltet natürlich beide Strategien, zugeschnitten auf den individuellen Fall.

*Vorsingen beim Impresario*

Für unser heutiges Vorsingen bei dem bekannten Impresario haben wir uns also gut vorbereitet und sind vernünftigerweise schon gestern angereist. Wir konnten uns mit dem bis dato unbekannten Korrepetitor in Ruhe treffen, um mit ihm die vorzusingenden Arien auszusuchen und alles vorzubereiten. Nachdem er mit einigen Interna der Agentur schon etwas vertraut ist, kennt er den Geschmack des allgewaltigen Vermittlers. Der Pianist weiß um dessen Vorlieben stimmlicher und interpretatorischer Natur und rät auch zu einer dezent eleganten, gepflegten äußeren Erscheinung. Zwei Arien sollten genügen. Wer sich dann noch kein Bild von uns machen kann, der versteht auch nichts vom Geschäft. Ein guter Agent sollte bereits nach unseren ersten Tönen feststellen können, ob er uns gut oder schlecht findet und ob er uns im Endeffekt auf seine Liste setzen will.

*Sie hören von uns*

Wenn er uns ablehnt, dann sagt er ganz sicher und höflich: „Don't call us – we will (definitively) call you..." Verzeihung, ich vergaß, Englisch müssen wir unbedingt können, das ist die Sprache der internationalen Opernwelt!
Dieses „Sie hören von uns" bedeutet normalerweise nichts Gutes. Aber das haben wir ja schon beim letzten Mal erfahren und doch nicht gleich den Kopf samt Stimmbändern in den Sand gesteckt.
Das Hotel hatte ausnahmsweise gerade keine Festwochen der Blasmusik, auch keine Karaoke-Tagung, und eingesungen haben wir uns im Kohlenkeller des nahe liegenden Heizwerks...

EINSINGEN

> Was bedeutet Einsingen?
> Vor dem sogenannten *Einsingen* wird der Körper durch die in diesem Buch beschriebene Gymnastik (siehe Seite 85) durchblutet und so physisch in die Form versetzt, den gesungenen Ton zu stützen und klingen zu lassen.
> Das dann folgende Vokalisieren ist die Suche nach dem optimalen Resonanzgefühl in unserem Ansatzrohr und der Maske, also in den oberen Hohlräumen über dem Kehlkopf. Es geschieht durch unsere Vokalübungen, daher italienisch *vocalizzare* oder englisch *to vocalize*, was beides zur Beschreibung der Tätigkeit aussagefähiger ist als das deutsche *Einsingen* (Siehe „Vokalausgleich" Seite 75 ff.).

Dies alles ist die regelmäßige physisch-organische Präparation vor den Opern- und Konzertabenden. Man sollte sich jedoch für die verschiedensten Rollen auch unterschiedlich einsingen. Für relativ hohe Partien anders als für tiefe. Anders auch für Lieder oder Oratorien.

DAS STUMME MEMORIEREN
Bei der mentalen Vorbereitung wiederholen wir Text und Musik stumm in unserem Kopf und stecken uns die gefährlichsten Streckenabschnitte ab. Geht es darum, eine Opernproduktion oder einen Liederabend zu memorieren, so versuchen wir den gesamten künstlerischen Vortrag vor unserem geistigen Auge ablaufen zu lassen.

BITTSTELLER IM WARTESAAL
Beim Warten im Vorzimmer des „Agentenmoguls" wird das Lampenfieber durch stummes Memorieren der beiden Arien bekämpft, und die weichen, sichtlich zitternden Knie haben wir ganz einfach ignoriert. Allen armen vorsingenden Anfängern und Wiederanfängern geht es so. Mit dieser Feststellung haben wir uns beruhigend getröstet und dem „Allerheiligsten" gesanglich und optisch gut gefallen. Das meinte auch der Korrepetitor im Anschluß bei einem Espresso in der Theaterkantine.

## *Vom Neinwort, das nicht existiert*

FLEXIBEL
Im Vokabular eines angehenden Opern- oder Konzertstars fehlt ein ganz wichtiges Wort, welches angeblich sogar existieren soll: das „Nein". Schon die schicksalsschweren Vorschläge des Impresarios an die Mimen, nämlich gleich morgen an dieser oder jener Staatsoper oder Landesbühne vorsingen zu *müssen*,

werden von neunundneunzig Komma Periode neun Prozent der dahingehend Gefragten mit einem augenleuchtenden *Ja* bestätigt.

Wir meinen, wir hätten unser Examen mit Bravour bestanden, den aufsehenerregenden ersten Preis beim renommierten Wettbewerb gewonnen und den besten Eindruck auf den Agenten hinterlassen ... und müßten jetzt doch nicht schon wieder unser Können unter Beweis stellen?

SCHON WIEDER VORSINGEN ...

Der tüchtige Agent schickt uns trotz unserer tunlichst verschluckten Ansicht gleich jetzt oder morgen zum Vorsingen an große, mittlere oder auch kleinere Opernhäuser. Je nachdem, was, wo, wann und warum im Augenblick an „Schicksal" vakant, welche Rolle (Partie) jetzt frei ist oder in Kürze frei sein wird.

Vorausgesetzt, unser überzeugendes Vorsingen mit der richtigen Arie zum richtigen Zeitpunkt am richtigen Opernhaus für die heißbegehrte Rolle, die – ganz richtig – bald auf dem Spielplan stehen wird, und vorausgesetzt die Tatsache, daß sich der zuhörende Chefdirigent unter Umständen in die modische Offenheit eines Minirocks versieht oder der Intendant schon immer einen schlanken jungen Baß haben wollte – vorausgesetzt, daß diese durchaus auch ein wenig mit einkalkulierbaren Parameter zum Ziel führen, dann werden wir nach so einem Vorsingen in eine Vertragsgestaltung, sprich in Gagenverhandlungen eintreten.

Der gewiefte Agent erledigt dieses Geschäft für uns, denn er kennt sich doch mit der heiklen Materie aus. Er sagt uns dann auch bald ganz deutlich, was wir alles schnellstens unterschreiben sollen und daß er diesen Karrierestart für unbedingt wichtig hält, dort, im augenblicklich so medienwirksamen Theater, in der richtigen Stadt mit dem besonderen Umfeld, dem guten Anschluß an alle Verkehrswege und dem viel zu teuren Wohnungsmarkt.

DIE UNTERSCHRIFT

Auf derartige Weise entsteht zum Beispiel ein sogenannter Fachvertrag zwischen der Direktion oder Verwaltung eines Opernhauses und dem Künstler. Dies geschieht um so seltener, je größer das Haus ist, oder um so sicherer, wenn es sich bei uns schon um einen aufstrebenden Placido Domingo oder um eine neue Editha Gruberova handelt.

DER FACHVERTRAG

An diesem Haus wird man dann allabendlich als „Mädchen für vieles" auf die Bühne geschickt, um mit dem unerhört wichti-

MÄDCHEN FÜR ALLES

gen und vielmals „geschmissenen" Satz „Die Pferde sind gesattelt . . ." zu reüssieren. Da bleibt dann kaum Zeit, die gestikulierende Kunst des wütenden Dirigenten auszumachen. Und am nächsten Morgen, bei den unvermeidlichen Umbesetzungsproben, muß dieser große Dirigent uns deshalb erneut und vor allen Solisten, dem Chor und der grinsenden Statisterie gehörig „den Kopf waschen" für diesen gotterbärmlichen „Schmiß". Er legt uns dann nahe, doch wieder an unsere Musikhochschule zurückzukehren und stempelt uns sozusagen als unbrauchbar.

DER ANFÄNGERVERTRAG
Das sind in etwa die „pathologischen" Freuden eines Anfängervertrages an einem Staatstheater. Das Opernhaus trägt so einen Namen, weil es aufgrund seiner Struktur oder Unternehmensführung nicht nur aus der Region, sondern auch durch den Staatssäckel „bezuschußt" (subventioniert) wird.

DAS STADTTHEATER
Kleinere und mittlere Theater bieten dem Anfänger oft gleich einen Fachvertrag an. Das hat natürlich auch finanzielle Gründe. Junge Leute im Festvertrag sind noch billig und nahezu alle Opernhäuser der Welt äußerst knapp bei Kasse. Wir achten jedoch gleich zu Beginn darauf, daß wir in Rollen eingesetzt werden, die wir stimmlich und darstellerisch erfüllen können. Oft versucht man junge Stimmen mit Partien zu betrauen, die sie erst nach einigen Jahren in Angriff nehmen sollten. Diese Vorgangsweise nennt man kritisch „eine Stimme verheizen" (siehe dazu auch meine Anmerkungen zum Thema „Schwerathletik" auf Seite 115 f.).

DAS MITTLERE HAUS ALS CHANCE
Ein gut durchdachter Anfängervertrag an einem mittleren Haus, in welchem ein Intendant vom Fach und ein musikalischer Chef mit Korrepetitorenerfahrung am Klavier aufbauen helfen, ist eine gute Lösung. Solche Anfängerjahre sind eine solide Basis für die anschließende Fachpartienzeit mit ihrer eigenen Problematik.

Derlei Intentionen müssen sich nicht unbedingt mit der Strategie unseres Agenten decken. Deshalb versuchen wir ihn behutsam von unseren Bedenken zu überzeugen. Niemand gibt uns etwas dafür, wenn unsere Stimmbänder durch zu frühen oder falschen Einsatz malträtiert werden und hörbar – und auch sichtbar – übermüden.

DIE ANALYSE
Wir überdenken unsere Situation, die Vor- und Nachteile von Anfänger- und Fachvertrag anhand einer schriftlichen Pro-und-Kontra-Analyse (und schlafen ein paarmal darüber). In beiden Fällen handelt es sich jedoch um ein festes Angestelltenverhält-

nis, welches in der Regel für eine bis höchstens drei Spielzeiten fixiert wird. Man weiß ja nicht, wie sich die Künstler auf Dauer stimmlich, darstellerisch oder charakterlich in die Pläne und Gegebenheiten des Hauses einfügen werden. Leider können wir daher auch nach relativ kurzer Zeit wieder auf der Straße stehen, um auf „Jobsuche" erneut vorsingen zu müssen. Auch ist es möglich, daß sich der Superagent jetzt von uns trennt. Dann heißt es von vorne anfangen oder ganz nüchtern das eigene Gewissen befragen. Der pathologische Singtrieb ist bei professionellem Einsatz nur sinnvoll, wenn er auch Abnehmer findet und somit auch honoriert wird.

Sollte uns jedoch die Intendanz bereits im zweiten, äußerst erfolgreichen Bühnenjahr zu sich rufen, dann wird man uns vielleicht eine (vorzeitige) Vertragsverlängerung oder eben -veränderung des Status quo anbieten wollen. Diese glückliche Situation führt dann entweder zu einem festen Fachvertrag mit steigendem Monatssalär, einem Vertrag mit entsprechender Freizeit (Wochen bis Monate) pro Spielzeit (die wir dann für Gastspielverträge an anderen Opernhäusern etc. nutzen) oder zu dem Entschluß, ein ganz freischaffender Künstler werden zu wollen. — DIE VERTRAGSVERLÄNGERUNG

## *Die fetten und die mageren Jahre*

Sprechen Aristoteles oder Homer schon von einem professionellen Sängerstand, so sind uns weitere Beispiele für den Beruf des freischaffenden Sängers als risikoreichem Unternehmer auch aus späterer Zeit bekannt. Nach dem Vorbild des französisch-provenzalischen Troubadours entwickelten sich im deutschen Sprachraum unseres Mittelalters die sogenannten Minnesänger. Diese waren jedoch nicht nur Könner hinsichtlich betörender Liebeslieder und Sendboten der damaligen christlich-ethischen Sozial- und Sexualnorm. Sie waren auch Berichterstatter, wenn sie Neuigkeiten aus aller Herren Länder mit im Koffer führten und damit zu ergötzen wußten. — DER VAZIERENDE MIME

Zu den bekanntesten unter ihnen zählen Walther von der Vogelweide, Wolfram von Eschenbach, Heinrich von Ofterdingen, Oswald von Wolkenstein und beispielsweise Hartmann von der Aue. — DIE MINNESÄNGER

Diese Sänger hatten nicht nur unterhaltende Funktion, sondern

ANGEBOT UND NACHFRAGE

in vielen Fällen eine Informationsaufgabe, wenn sie ihren Gesang, ihre Ware oder eben ihre immaterielle Dienstleistung an die Schlösser und Burgen der kunstbeflissenen Regenten trugen. Es bestand Bedarf nach den Darbietungen dieser Künstler in Hinblick auf ihren Gesang und den allerneuesten Tratsch, zum Beispiel den: Haben Sie schon gehört, was sich der Nachbarfürst schon wieder für einen angeberischen Schwachsinn geleistet hat? Nicht zu fassen, einen Maserati, einen Testarossa! Einen schneeweißen Hochseekatamaran!

Trotz der soziologischen Relevanz der von diesen fahrenden Sängern erbrachten Leistung standen jene Mimen nicht immer einer adäquaten Nachfrage danach gegenüber. Das Angebot- und Nachfragespiel führte zur Notwendigkeit eines ökonomischen Anpassungsprozesses, der in einem unkonventionellen Lebensstil der Künstler Ausdruck fand, zumindest immer dann, wenn die künstlerische Dienstleistung des Sängers auf zu geringe Nachfrage stieß. Der noch so schön vortragende Barde erhielt nicht in allen Fällen den erhofften Preis für seine reife Leistung. Ganz im Gegenteil, da mangelte es des öfteren an „cash", um den Lebensunterhalt würdevoll zu bestreiten oder die Fixkosten so abzudecken, daß ein weiterer Verbleib in der rechtschaffenen Bürgerschicht möglich geblieben wäre.

SCHLECHTE ZEITEN

Die unvermeidlichen Folgen schlechter Geschäfte waren und sind bis heute nicht selten sozialer Abstieg und wirtschaftliche – auch persönliche – Verelendung. Noch im letzten Jahrhundert hieß es – und es wird bis heute gerne kolportiert: „Schnell die Wäsche von der Leine, die Musikanten kommen..."

DER ANPASSUNGSPROZESS

Bei dieser enormen Ungewißheit und dem damit verbundenen Risiko lag es nahe, eine eventuell heraufziehende finanzielle Misere zu sublimieren, und gleichzeitig war es unbedingt angezeigt, den individuellen Lebensstandard solch unregelmäßigen Einkünften anzupassen.

Dieser Hinweis ist nicht nur als symptomatisch für finanzielle Sachzwänge anzusehen, sondern auch als Indiz für die unerhörte unternehmerische Problematik des freien Künstlers mit seiner so schwer meßbaren professionellen Darbietung.

WER KAUFT DIE „WARE" GESANG?

Auch Künstler müssen leben, das heißt, sie müssen ihre Kunst zu Markte tragen, dafür Käufer akquirieren und auf diese Weise ein Einkommen erzielen. Im Bereich der sogenannten „live performing arts" wird die Nachfrage generell durch personen- und inhaltsbezogene Präferenzen bestimmt. Anders gesagt: *Wer wird womit, wann, wo und in welcher Form ein gut lukrierender Gesangsverkäufer?* Kunst und Kommerz widersprechen einander da manchmal leider – und fatalerweise!

Die sozialgeschichtliche und oft sehr dramatische Situation der immerzu entweder zuwenig oder erfahrungsgemäß dann gleich wieder zuviel „herumfahrenden" Sängerinnen und Sänger soll aber damit keinesfalls auf einen nur ökonomischen Anpassungsprozeß reduziert werden. Vielfach war es gerade die Not, die erfinderisch oder eben kreativ machte und so zu außergewöhnlichen Leistungen führte. Die weitgehende Unabhängigkeit der damaligen Sängerprofis in ihrem Denk- und Lebensstil, in ihrer Nonkonformität, erwies sich und erweist sich auch heute noch als eine der Voraussetzungen für ein schöpferisches Arbeiten, als flankierende Erfolgskomponente einer außerordentlichen künstlerischen Leistung.

DIE NONKONFORMITÄT

„Ein voller Bauch studiert nicht gern", heißt es zuweilen, die finanzielle Notlage des Herrn Studiosus verbrämend. Jedoch, ein leerer Bauch singt schon gar nicht gern. Nicht professionell zumindest, denn es fehlt ihm an Kraft und dem Zwerchfell an der notwendigen Stütze, um den Atem und damit den großen, schönen Ton zu halten. Mögen die „armen Poeten" eines Herrn Spitzweg, die halbverhungerten Komponisten aller Zeiten oder brotlosen Maler trotz pekuniärem Notstand Vortreffliches auf ihren Gebieten zu schaffen wissen, so ist der professionelle Gesang ganz eindeutig auf die volle Kraft eines „satten", funktionierenden Körpers angewiesen. Plenus venter cantat libenter – ein voller Bauch singt gern.

## *Erfolgsvoraussetzungen, soziale Positionierung und Marketing*

Die individuellen Voraussetzungen zur Erstellung und Verwertung der künstlerischen Leistung sind hinsichtlich ihrer Bedeutung beziehungsweise ihrer Gewichtigkeit von unterschiedlicher Relevanz.

PRODUKTIONSMITTEL

Die voll *ausgebildete Singstimme* ist unbedingt und primär Erfolgsvoraussetzung und Produktionsmittel der künstlerischen Sängerleistung, was nicht unbedingt auch die Ansicht irgendwelcher Administrativen sein muß, wenn diese über unser Engagement oder unsere Leistung entscheiden.

Die *seelische Veranlagung* zur Vertonung von Gefühlen – nicht zu verwechseln mit der augenblicklichen Stimmung – auch in Form von Gesang (bewußt oder unbewußt) gehört zu den ureigensten Merkmalen des Menschen. Sie ist zwar beim Neugeborenen evolutionsgeschichtlich noch voll ausgeprägt, verkümmert jedoch meistens später in unserer hochzivilisierten Welt zu unterschiedlich mangelhaften Ausprägungen. Die Wiedererlangung und perfektionierte Beherrschung dieser von Haus aus so allgemein vorhandenen Veranlagung in Form von langjährigem Gesangsunterricht zählt zu den wichtigsten Axiomen, wenn jemand eine (professionelle) sängerische Leistung erbringen will. Der immer mehr um sich greifende dramatische Verlust des Wissens, mit unserer menschlichen Arteigenheit, unserem natürlichen Gesang, vollwertig umzugehen, ist für den Berufssänger aus künstlerischen und kommerziellen Erwägungen positiv zu bewerten. Denn diese bedauerliche Entwicklung bietet die generelle Voraussetzung für den Aufbau unseres Wettbewerbsvorteils gegenüber den sogenannten „Stimmlosen" sowie für unsere Leistungsverwertung. Andernfalls würde die aufgeschlossene, durchtrainierte Stimme nicht als vermeintlich „gottgegebenes" Phänomen bewundert werden. Unsere Gesangsleistung erbrächte sicher nicht so hohe Gewinne.
Oder würden wir uns etwa gegen Geld vorsingen lassen, wenn wir selbst viel besser sängen?

KRITISCHE ERFOLGSFAKTOREN

Diese kausalen Zusammenhänge, die wir alle kennen, setzen wir voraus, wenn es gilt, Axiome für den Erfolg herauszuarbeiten und zu systematisieren, um die besondere Art der Dienstleistung – den Opern- und Konzertgesang – nach betriebswirtschaftlichen Kriterien und im Sinne einer unternehmerischen Zielsetzung an den Käufer, das Publikum, heranzutragen.

WEITERE FAKTOREN

Weitere kritische Erfolgsfaktoren haben wir bereits erläutert. So sprachen wir von der unbedingt notwendigen guten Portion Musikalität, einer körperlich athletischen Beschaffenheit des charakterkundlich so definierten „Atmungstypen". Eine umfassende Allgemeinbildung – je mehr, desto besser –, ein gefühlvolles Wesen, eine überdurchschnittliche Auffassungsgabe, Bodenständigkeit trotz hoher intellektueller Komponente, Mut zum Risiko, Fleiß und der pathologische Wunsch, sich das alles im Zusammenhang mit einer künstlerischen Karriere antun zu wollen, sind ebenfalls Voraussetzung.
Nicht zu vergessen Charisma, Chuzpe, Bauernschläue, Finger-

spitzengefühl ... oder wie auch immer man solche Faktoren bezeichnen will.

Der Erfolg setzt die zu erbringende Leistung voraus. Aus betriebswirtschaftlicher Sicht handelt es sich dabei sowohl um eine Tätigkeit als auch um ein Tätigkeitsergebnis. Das Ergebnis aus der Leistung ist bei beruflichen Sängern die Zurverfügungstellung von kulturellen Befriedigungswerten in einem entsprechenden Opernhaus, einer Konzerthalle oder – was selten vorkommt – bei einem privaten Sponsor, zur Trauung, Kinds- oder Schiffstaufe ...

*ERST LEISTUNG, DANN ERFOLG*

Aristoteles weist im achten Buch seiner „Politik" darauf hin, daß die Kunst für die „edle Geistesbefriedigung" bestimmt sei. War es über einen großen Zeitraum der jüngeren Geschichte nur einer bestimmten Finanzaristokratie möglich, sich derartigen „Luxus" zu leisten, so forderten schon Richard Wagner und Devrient im neunzehnten Jahrhundert auf revolutionäre Weise, das Dresdener Opernhaus als staatliche Bildungseinrichtung allen Kunstbeflissenen kostenlos zugänglich zu machen.

*EDLE GEISTESBEFRIEDIGUNG*

Als einer der ersten historisch belegten Künstler gilt König David, wenn er vor etwa dreitausend Jahren seinem Volk aus der Bundeslade singend vortrug. Und Kaiser Nero ließ sich im alten Rom und Neapel öffentlich als Kitharavirtuose und Sänger feiern. Unbestätigten Quellen zufolge soll er das Instrument bei der bekannten Zündelei in Rom aus Ärger gleich mit verbrannt haben.

*DIE REALITÄT UNSERER BERUFLICHEN VORFAHREN*

Die Ballade vom vergeblich um Einlaß in die Burg bittenden Minnesänger legt allerdings schon recht eindrucksvoll Zeugnis dafür ab, wie die grausame Realität unserer beruflichen Sängervorfahren aussah. Gehören die Zeiten, in denen so mancher Barde – wenn überhaupt – mit diversen Naturalien entlohnt wurde, heute eher der Vergangenheit an, so sind doch noch zum Teil sozialkritische Vorurteile der breiten Öffentlichkeit gegen unseren beruflichen Sängerstand geblieben. Opern- und Konzertsänger, um so mehr, wenn sie noch keinen klingenden Namen vorweisen können, spielen noch heute in der Gesellschaft eine widersprüchliche Rolle. Sie werden – wenn sie erfolgreich sind – geachtet, verehrt, gar umschwärmt, auf Parties vorgezeigt und gebeten, „O sole mio" oder „Granada" (natürlich kostenlos) vortragen zu wollen. In ökonomischen Belangen werden sie jedoch nur selten ernst genommen. Auch ist es erst ein Jahrhundert her, daß Künstler mit Landstreichern und Vaga-

*VORURTEILE*

bunden in einen Topf geworfen wurden. Und mancher verantwortungsbewußte Vater gab seinem „aus der Reihe tanzenden" Sohn den Rat, etwas Ordentliches werden zu müssen, oder seiner „mißratenen Tochter" den Befehl, den seit jeher angestammten Platz hinter dem „eig'nen Herd, der Goldes wert" folgsam und in tugendsamer Wartestellung einzunehmen.

*Die Tradition der Künstler ist älter als die der europäischen Aristokratie*

Aber schon in der *Antike* war das Theater als Arbeitsplatz und Darbietungsstätte künstlerischer Leistung eine Kultstätte und organisierte Form der Erbauung und Freizeitgestaltung. Es besaß daher einen hohen Stellenwert in der Gesellschaft. Die damals eher freiberufliche beziehungsweise unternehmerische Darbietung war die ursprüngliche Vermarktungsform der künstlerischen Leistung. Und dafür gab es dann (hoffentlich) Applaus, klingende Münze, „Schinken und Eier" und in Ausnahmefällen sogar die Hand des „höheren Töchterleins".

Der berühmte Kastrat Broschi, genannt Farinelli, führte aufgrund seines virtuosen Soprans ein Luxusleben am spanischen Hof, und von den derzeitigen Einkünften einiger Startenöre träumen ganze europäische Landstriche oder Kleinstaaten der sogenannten dritten Welt.

In der *Renaissance* erfuhr die Kunst eine erhöhte Wertschätzung, die auch zu einer soziokulturellen Aufwertung des Künstlers, des Sängerdaseins führte. Und im Laufe der Jahrhunderte, seit der Gründung der *Florentiner Camerata,* der Geburtsstunde der Oper, wurden viele Opernhäuser gebaut. Nicht immer jedoch waren deren Betreiber – aus unterschiedlichen Gründen – durch entsprechende Einnahmen so liquide, daß sie die Sänger nach den Vorstellungen (wie vertraglich vereinbart) auszahlen konnten. Wundern wir uns deshalb nicht bei unseren Abendverträgen, wenn es noch heute Theaterbrauch ist, uns spätestens in der zweiten Pause einer Aufführung das Honorar in die Garderobe zu bringen – und zwar vorgezählt durch den Herrn „Geldscheinwerfer" und, wenn es sein muß, bar auf die geschminkte Hand. Schlechte Erfahrungen haben diesen Brauch eingeführt und bis heute freundlicherweise nicht wieder abgeschafft.

*Die Bewertung des Künstlertums*

Der Geniekult des späten achtzehnten Jahrhunderts führte zu einer Lösung des Künstlers aus der überkommenen sozialen Ordnung. Die Romantik und die Philosophie des Idealismus begründeten eine noch bis in unsere Tage verbreitete Bewertung des Künstlertums. Eine neue und teilweise kultische Wertschätzung war die Folge, andererseits kam es aber auch zum wirtschaftlichen Abgleiten und zur gesellschaftlichen Absonderung des Erfolglosen hin zum Außenseiter der Gesellschaft.

Diese Außenseiterposition findet unter anderem ihren semantischen Niederschlag in dem Ausdruck „Boheme", mit dem der unkonventionelle Lebensstil der Künstler bezeichnet wurde, vor allem jener, die in der Mitte des vorigen Jahrhunderts das Pariser Quartier Latin bevölkerten. *BOHEME*

Da die äußerlich immer so gesunden Berufssänger zu keiner Zeit mit einem hohlwangig „genialen" Siechtum aufwarten konnten, sind sie bis heute fremd an den Stammtischen der existentialistischen „Bohemiens".

Berufssänger müssen – wie alle anderen unternehmerischen Künstler auch – versuchen, ihre Leistung dort anzubieten, wo sie dafür den entsprechenden Gegenwert erhalten, der sie nicht nur vor sozialem Abstieg bewahrt, sondern ihnen einen Aufstieg in der jeweiligen Gesellschaftsform (zumindest auf Zeit) erlaubt. *LEISTUNG UND GEGENWERT*

Besondere finanzielle Probleme erwuchsen stets – und sind auch heute wieder relevant – aus der Abhängigkeit des Sängers damals vom Kulturbudget der kunstbeflissenen weltlichen und kirchlichen Fürsten oder betuchten Würdenträger sowie heute von den staatlichen Subventionszahlungen (der Subventionspolitik) moderner öffentlicher Haushalte. Die Dotierung dieser immer wieder so umstrittenen Budgets erfolgt bis in unsere Zeit an nachgeordneter Stelle, denn es liegt in der animalischen Natur des Menschen, sich erst dann auf die erhabenen Möglichkeiten seines irdischen Lebens zu besinnen, wenn in ausreichendem Maße für die Befriedigung seiner primären Bedürfnisse gesorgt ist. *PEKUNIÄRE ABHÄNGIGKEITEN*

Aristoteles wußte noch nichts von den Studien eines Forschers namens Maslow und daß die höchsten menschlichen Verlangen, Liebe und Musik, einfach „Spitze" sein sollen. *BROT UND SPIELE*

„... Muß doch, um der Muße pflegen zu können, vorerst schon vieles Notwendige vorhanden sein", meinte der griechische Philosoph.

Welcher Überlebenswille von Musik oder Gesang ausgehen kann, beweisen jedoch die erhaltenen Dokumente aus den Gefangenenlagern aller verbrecherischen Regime dieser Welt!

Die Art der sängerischen Darbietung sollte sich nach dem aktivierbaren Begabungs- und damit auch Neigungspotential des *DIE UNVERKÄUFLICHE WARE*

Helden einerseits und – unternehmerisch gedacht – andererseits nach den Bedürfnissen der Leistungsempfänger, also eines zahlenden Publikums, richten. Im Normalfall natürlich, denn immer wieder zeigt es sich hier und dort, daß ganz bewußt am Publikum „vorbeigesungen" wird. Man nennt das bisweilen eine erzieherische Maßnahme oder progressive Moderne . . .

SPIELPLAN-SPIELE   Hochsubventionierte europäische Opern- und Konzerthäuser praktizieren eine andere Repertoirepolitik als zum Beispiel rein unternehmerisch geführte amerikanische Institute.

Man kann selbstverständlich jederzeit darüber streiten, ob nicht auch private Mäzene und Donatoren mit ihren Wünschen und ihrem Geschmack Einfluß auf Besetzungen und Spielpläne ihrer favorisierten Opernhäuser nehmen. Auf der anderen Seite scheint es fraglich, ob nur der intellektuelle Hunger einer relativ kleinen Minderheit im Publikum die Gründe dafür liefern soll, daß viele der heute angebotenen Leistungen der Mehrheit der Zuseher und -hörer eher rätselhaft bleiben, besonders, wenn es doch eigentlich darum gehen soll, Maslowsche Spitzenbedürfnisse zu befriedigen.

DER HERR GEHEIMRAT   Kein Geringerer als der Geheime Rat Goethe, der auch einmal das Theater in Weimar leitete, hat dieses Problem schon damals erkannt und den Direktor in seinem Faust, erster Teil, folgendes resümieren lassen:

> *„Besonders aber laßt genug geschehen!*
> *Man kommt zu schauen,*
> *man will am liebsten seh'n.*
> *Wird vieles vor den Augen abgesponnen,*
> *so daß die Menge staunend gaffen kann,*
> *da habt Ihr in der Breite gleich gewonnen,*
> *Ihr seid ein vielgeliebter Mann.*
> *Die Masse könnt Ihr nur durch Masse zwingen,*
> *ein jeder sucht sich endlich selbst was aus.*
> *Wer vieles bringt, wird manchem etwas bringen.*
> *Und jeder geht zufrieden aus dem Haus . . ."*
> Johann Wolfgang von Goethe

DIE TEILNAHME AM WIRTSCHAFTSPROZESS   Das Vorhandensein von kulturellen, geistigen und ästhetischen Bedürfnissen und deren richtige Einschätzung sowie Befriedigung ermöglicht Künstlern die Teilnahme am Wirtschaftsprozeß, dessen besondere Eigenheit in unserem Fall von der im wesentlichen autonomen Ansicht einiger weniger über Kunst und Kommerz abhängig ist. Unsere Theater sind zwar alle – und trotz vieler Klagen – staatlich hochsubventioniert, doch gleichzeitig in ihren künstlerischen Belangen autark, also in der Regel weder durch Verordnungen noch Publikumsmeinung beeinflußt und weisungsgebunden.

Die erfolgreiche und oft sehr schwierige konformistische Eingliederung in diese bestehende Theaterwelt und die Teilnahme daran in Form eines wie auch immer gearteten Abhängigkeitsverhältnisses bildet die finanzielle Existenzgrundlage der professionellen Sänger. Denn funktionierende Unternehmen fordern in ihrem Aufbau hierarchische Strukturen.

<small>DIE EINGLIEDERUNG</small>

---

**BERUFSSÄNGER SIND SERVICELEISTER**
Opern- und Konzertsänger sind – wie alle anderen Berufskünstler auch – publikumsorientiert und sollten sich, falls sie nicht im Konglomerat einer vielschichtigen Bühnenaussage heutiger Opernpraxis daran gehindert werden, soweit wie möglich an den Anforderungen der Abnehmer ihrer Leistungen orientieren.

---

## *Die persönliche Ausgangssituation*

Vor der Unterschrift unter ein knebelndes Vertragsstück gibt es schon einiges zu überdenken. Es macht uns einerseits zu einem Unternehmer, aber gleichzeitig zwingt es uns in ein weisungsgebundenes Arbeitsverhältnis.

<small>ERST LESEN, DANN PARAPHIEREN</small>

Wir wollen versuchen, die überaus komplexen Einflußfaktoren auf das vielschichtige, risikobehaftete Spannungsverhältnis, welches aus allen oben beschriebenen Präliminarien entsteht, durch die folgenden Parameter transparent zu machen.

---

*Die vorhandenen Ausdrucksmittel:*
o Ausgebildete Singstimme
o Bühnenpräsenz

*Physische Gegebenheiten:*
o „Athletische" Figur
o Gesundheit

<small>DIE WIRKLICH WICHTIGEN FAKTOREN</small>

*Psychische, künstlerische Gegebenheiten:*
o Musikalität
o Auffassungsgabe
o Gefühlsintensität
o Ausdauer
o Mut
o Risikobereitschaft
o „Pathologische Sucht"
o „Aura"
o „Chuzpe"
o „Fingerspitzengefühl"

*Die persönlichen Zielsetzungen:*
o Künstlerische Neigung
o Streben nach Selbstverwirklichung
o Finanzielle Ziele

DIE MARKTSITUATION
*Der Bedarf:*
o Publikumsgeschmack
o „Interner" Theatergeschmack
o Nachfrage
o Rollenerfordernisse

*Die Konkurrenzsituation:*
o Die Wettbewerber
o Die Angebotssituation

*Die Absatz- oder Verwertungsmöglichkeiten:*
o Opern- und Konzerthäuser
o Rundfunk
o Fernsehen
o Film
o Video- und Audiokassetten
o Eventuelle private und karitative Auftritte

*Diversifikation:*
o Produktwerbung
o Unterricht

ABHÄNGIGKEITEN    Aus dieser kurzen Übersicht, die nicht nur einige der wichtigsten Bestimmungsfaktoren für die Leistungsgestaltung aufzeigt, sondern gleichzeitig auch die *Interdependenzen,* die Abhängigkeiten zwischen den persönlichen Ausgangsdaten und den Verwertungsmöglichkeiten andeuten soll, wird ersichtlich, daß die Verwertungsmöglichkeiten berufssängerischer Darbietungen auf der einen Seite von der Bedarfs- oder Konkurrenzsituation beeinflußt werden sowie auf der anderen Seite entscheidend von den vorhandenen Ausdrucksmitteln und physischen sowie seelischen Gegebenheiten abhängig sind. Alles sollte natürlich ziemlich harmonisch miteinander korrespondieren, wenn wir uns eine schneeweiße Villa am Lago di Como und einen Hochseekatamaran kaufen wollen . . .

## Der Umgang mit der eigenen Karriere

Die sängerisch-künstlerische Darbietungsbereitschaft ist kein Dauerzustand und daher nicht auf Lebenszeit einsatzbereit. Auch aus diesem Grund ist der zunächst so körperliche Beruf grundsätzlich mit dem des professionellen Sportlers vergleichbar. DAS PHYSISCHE PROBLEM

Manche hängen geradezu pathologisch an der Singerei und machen daher nicht rechtzeitig und vor Ablauf ihrer Bühnentätigkeit andere Lebensinhalte ausfindig. Wir werden unverständlich, wenn wir uns auch noch im Greisenalter, dem trügerisch selbstgefälligen Ego, aber nicht dem Spiegel schmeichelnd, als jugendliche Liebhaber verkaufen möchten. KÖRPER UND STIMME

Da macht uns die Natur mit den Faktoren Körper und Stimme in den meisten Fällen einen gewaltigen Strich durch die Rechnung. Eine noch so strahlende Mitsechzigerin wird tunlichst die Finger und die Stimme davon lassen, ein Angebot als „Hirtenknäbin" in Wagners „Tannhäuser" zu akzeptieren, vorausgesetzt, der in dubiose Sachzwänge verstrickte Intendant bietet ihr überhaupt so einen Unsinn an. Und der achtzigjährige, kurzatmige Othello wirkt sicherlich zum Weinen oder Lachen – wie man's eben nimmt –, wenn er körperlich und stimmlich „auf den Stock gestützt" endlich seine blutjunge Desdemona erdrosselt . . . Die hätte ihn doch, weiß Gott, betrügen müssen!

Den stilvollen und rechtzeitigen Abgang von den Brettern, die nicht die ganze Welt bedeuten, sollten wir unbedingt genauso planen wie die Zeit der Ausbildung, den Berufsverlauf und unsere künstlerischen und wirtschaftlichen Erträge. Auch der Herbst nach dem großen Singen sollte uns vernünftig ausfüllen DAS ENDE DER KARRIERE

**FACHWECHSEL** und von den Früchten der aktiven Jahre entsprechend gut leben lassen – in der schneeweißen Villa, auf dem herrlichen Boot ... Zuvor ist es jedoch altersbedingt oft nötig – und gelegentliche Ausnahmen bestätigen auch hier die Regel – daß wir nach einem mehr oder weniger kurzen Zeitraum, also bereits am Anfang unserer Karriere (im Vergleich zu anderen ausbildungsintensiven Berufen), das jeweilige Rollenfach wechseln. Dies ist natürlich tendenziell jedesmal mit entsprechend großen persönlichen und künstlerischen Risiken verbunden, die denen des Unternehmers in der freien Wirtschaft unbedingt vergleichbar sind. Denken wir zum Beispiel an die Notwendigkeit der Markteinführung neuer Produkte aus welchen Gründen auch immer. So wird dann aus unserem schlanken lyrischen Bariton im Laufe der Jahre ein italienisch geschulter Wagnerheld und aus dem vormals so süßen weiblichen Hirtenknäblein eine beleibte, vollstimmige Brünhilde. Auch Wohnortwechsel sind dann leider zuweilen angesagt, zerbrechende Verbindungen oder neue die Folge ...

**DAS ALTERN DER STIMME** Der äußerliche Alterungsprozeß – nennen wir ihn, für uns etwas netter, Reifeprozeß – wird auch durch eine mit den Jahren immer tiefer sinkende Kehlkopfposition und die damit verbundene Veränderung des Stimmumfangs und seiner Qualität, Farbe usw. im Klang hörbar. Die naturgegebene, permanente Veränderung der Stimme macht es erforderlich, regelmäßig Bilanz zu ziehen – auch bevor dies andere für uns tun. Wir legen dann gewisse Partien ab und nehmen neue, andersgeartete in Angriff. Nicht jeder Sänger hat jedoch immer die Möglichkeit, einen derartigen Rollen- oder Fachwechsel problemlos durchzuführen, denken wir beispielsweise an den Koloratursopran oder einen im Ton so „evangelistenhaften" Mozarttenor, der noch dazu die Körpergröße zum schweren Helden und zum Duett mit der imposanten Brünhilde vermissen läßt. Da ist dann Diversifikation gefragt, das heißt ein Umsteigen von der Oper auf das Oratorium, den Liederabend oder eben einen Lehrberuf. Aus langjähriger Erfahrung raten wir zu einem gleitenden Übergang aus einem jugendlichen Repertoire von Rollen oder Partien hinüber in ein maturierteres, mitunter auch komischeres sogenanntes Charakterfach. Im praxisfernen Idealfall natürlich, denn aus der „Schwerathletik" führt der Weg die meisten deutschsprachigen Sänger oft nur noch in die Arbeitslosigkeit oder den vorzeitigen Ruhestand!

Zur zeitlichen Begrenzung der Leistungsbereitschaft gesellt sich eine intellektuelle oder mimische Einengung oder Veränderung der Repertoire-Gestaltungsmöglichkeiten. Die Amortisationszeit für die direkten oder indirekten Ausbildungskosten ist unbedingt davon abhängig.

Von den etwa sechzigtausend komponierten Opernwerken tauchen heutzutage ungefähr hundert bis hundertzwanzig der bekanntesten unregelmäßig wieder auf den Spielplänen unserer Opernhäuser auf. Kein Sänger der Welt könnte jedoch so ein Repertoire erfüllen oder alle diese Werke stets griffbereit in seinem „Bauchladen" haben – analog zum Zeitungsverkäufer, der auch keine inaktuelle Ware stapelt. Sinnvoller ist es daher, nur solche Rollen einzustudieren und parat zu haben, die gerade jetzt, also altersmäßig, figürlich und stimmlich zum richtigen Zeitpunkt, einen „Star" aus uns machen, um dieses hohe künstlerische Niveau so lange wie möglich zu halten.

WAS DAS REPERTOIRE BETRIFFT . . .

> Der Aufbau und Erhalt der sängerischen Leistungsbereitschaft und deren Vermarktung ist durch die Dominanz körperlicher und geistiger, also immaterieller Faktoren gekennzeichnet.

## DIE DARBIETUNG

Je nach Größe und Tradition der Opern- und Konzerthäuser gibt es oft ein Stamm- oder Abonnementpublikum, einen eventuellen Kreis der Freunde oder Förderer des örtlichen Instituts, so daß der festengagierte oder häufiger an diesem Haus gastierende „Star" durchaus mit einer Mehrheit im Publikum und damit auch mit dessen charakteristischen Bedürfnissen, Vorlieben oder Abneigungen vertraut sein kann. Im Berufssport ist dies dem sogenannten „Heimvorteil" vergleichbar, doch muß man einen solchen geschickt zu nutzen wissen! Oft jedoch erfolgt der Vortrag gegenüber einem anonymen Publikum.

DAS ABONNEMENT

Der Konsum der sängerischen Leistung erfolgt normalerweise uno actu, das heißt gleichzeitig mit ihrer Darbietung. Der schlecht gesungene Ton, die versehentlich gerade im Augenblick so miese Darstellung sind nicht mehr aus dem Auditorium zur Korrektur auf die Bühne zurückzupfeifen. Und eine zweite Chance gibt es nicht – jedenfalls nicht an diesem Abend.

UNO ACTU

| | |
|---|---|
| TONAUFNAHMEN | Sind die Entstehung unserer Dienstleistung und deren Verkauf in der Oper und im Konzert ein gleichzeitiger Vorgang, so geschieht dies über die Medien, als sogenannte „Konserve" durch Tonträger, Video oder im Film festgehalten, phasenversetzt. Da wird die künstlerische Leistung im voraus erbracht – und oft durch Toningenieure (hoffentlich nur positiv) beeinflußt. |
| DIE WÜNSCHE UNSERER „KUNDSCHAFT" SIND NICHT HOMOGEN | Die graduell abgestufte Vergabe von Beifalls- und Mißfallensäußerungen von seiten des kundigen Publikums basiert auf grundlegenden traditionellen geschmacklichen Unterschieden – beispielsweise zwischen Europa und den USA. Daher gibt der Beifall durchaus Anhaltspunkte für die Möglichkeit einer differenzierten Verwertung unserer Darbietung. Unsere Kunst erhält auf diese Weise bei gleichen Fachpartien eine unterschiedliche Prägung. Die unterschiedlichen Erfordernisse der Auslegung durch unterschiedliche Inszenierungen einerseits und die musikalischen Auffassung des jeweiligen Dirigenten der Werke andererseits sind hier nicht mit eingeschlossen. |
| INTROVERTIERT ODER EXTROVERTIERT | Den „Abendstern", das Lied des Wolfram von Eschenbach aus dem dritten Akt des „Tannhäuser" von Richard Wagner, sollten wir im deutschsprachigen Raum eher verinnerlicht gestalten, während es wiederum den traditionellen Besucher der New Yorker Metropolitan Opera mit süßer Schwere und etwas extrovertierter zu Tränen rührt. Dies, verehrte amerikanische Freunde, ist keine Bewertung, sondern nur eine Feststellung ... |
| DER BRUNNENVERGIFTER | Wird der böse Jago auch noch äußerlich wie ein Brunnenvergifter auf die Zuschauer losgelassen, dann kann das verständige Publikum dem anscheinend strohdummen Othello nur immer wieder zurufen: „Kasperl, paß auf, das Krokodil ...!" Größte und verlogenste Liebenswürdigkeit zeichnet den Schurken Jago aus, damit Othello auf ihn hereinfällt. |
| | In Italien bedarf dies keiner Erklärung, denn dort wird ja auch der schlimme Text verstanden, welchen Jago so schmeichelhaft und gewinnend vorträgt. In Deutschland und Österreich empfiehlt es sich, auch äußerlich einen theatralischen Ganoven abzugeben, um als solcher erkannt und akzeptiert zu werden. |
| ERFOLG GEGEN ÜBERZEUGUNG | Der „Fliegende Holländer" wird bei Richard Wagner von Dämonen über die Meere gehetzt. Der Komponist beschreibt die Titelfigur in seinem Aufsatz über die Aufführungspraxis. Der Holländer soll armselig und daher bemitleidenswert sein, mit italienischer Phrasierung und sehr viel Piano gesungen. Medien und Publikum setzen sich hier zumeist über die Auflagen des Kom- |

ponisten hinweg. Es wird also oft notwendig, gegen die eigene Überzeugung anzusingen, um erfolgreich zu sein.

Mit der Auswahl der Produktpalette, der Fachpartien, erfolgt auch eine Selektion des künftigen Abnehmers, sprich Opernhauses und daher in der Folge auch des Publikums.

Regelmäßige Besuche bei unserem alten Gesanglehrer mit einer weiteren steten Kontrolle unserer Stimme und eingehenden Gesprächen über den Stand und Verlauf unserer Karriere sind unbedingt angeraten, eventuell auch mit anderen Sängern, guten Korrepetitoren oder einem sehr weisen, gefühlvollen Lebenspartner.

GUTER RAT IST HILFREICH

Nur wir allein sind für unsere Stimme verantwortlich, auch wenn uns viele Nichtsänger täglich Ratschläge erteilen wollen, ebenso wie vereinzelte Schauspielregisseure, die sich an der Oper versuchen. Obwohl jene nicht viel Ahnung mitbringen oder haben wollen von der unversehrten und gar nicht kranken Körperlichkeit unserer gesanglichen Aussage. Die Stimme muß *immer* gesund sein, auch um Krankheiten auf der Bühne klanglich optimal ausdrücken zu können.

## *Die fünf entscheidenden Determinanten*

Will der professionelle Gesang formvollendet an das Ohr des Rezipienten gelangen und als Bedürfnisbefriedigung honoriert werden – ideell und finanziell –, so gilt es, die beruflichen Abhängigkeiten nach allen Seiten hin zu durchleuchten. Engpässe müssen erkannt und mögliche geschäftsschädigende Faktoren eliminiert werden.

TRANSPARENZ

> Die *Bestimmungsfaktoren für die Verwertung der Opern- und Konzertsängerleistung* lassen sich im wesentlichen in fünf Gruppen einteilen:
> 1. Künstlerbezogene Determinanten
> 2. Theaterbezogene Determinanten
> 3. Agenturbezogene Determinanten
> 4. Publikumsbezogene Determinanten
> 5. Medienbezogene Determinanten

## Künstlerbezogene Abhängigkeiten

Unter den *künstlerbezogenen* Abhängigkeiten müssen wir uns das persönliche Leistungsrepertoire, zusammengesetzt aus der körperlichen und geistigen Bereitschaft zum optimalen Gesangsvortrag, die befristeten persönlichen Vermarktungsmöglichkeiten und die wirtschaftlichen oder auch privaten Sachzwänge vorstellen.

## Theaterbezogene Abhängigkeiten

Unter *theaterbezogenen* Determinanten sind alle aufführungstechnischen und terminlichen Sachzwänge zu subsumieren, die eine Vermarktung unserer Opern- oder Konzertsängerleistung fördern, aber leider auch einengen können. Von liebevollen finanziellen oder auch sachlichen Zuwendungen durch die öffentliche Hand an die einschlägigen Institute sprächen wir dann, wenn wir die Situation eines oder mehrerer Theater unter die Lupe nehmen wollten. Wir gehen in dieser betriebswirtschaftlichen Untersuchung zunächst davon aus, daß die staatliche Gemeinschaft viel von der Notwendigkeit der professionellen Singerei hält und den „Subventionshahn" sprudeln läßt.

Vorgefertigte Spielpläne

Wir müssen uns klarmachen, daß kluge Spielpläne publikumsorientiert zeitlich vorgefertigt sind und sich daher ein plötzlicher Riesenerfolg eines Sängers oder einer Sängerin kurzfristig nicht einfach beliebig oft wiederholen läßt. Dieses Unterfangen würde das Konzept, das vorausschauende und schon lange gedruckte Programm, aber auch die Engagements aller anderen bereits fixierten Künstler, die Technik und somit auch das Budget und den Kartenverkauf eines Theaters oder Konzertunternehmens durcheinanderbringen.

Die krankheitsbedingte Umbesetzung

Daß dies alles in der Praxis durch krankheitsbedingte Absagen von berühmten „Stars" nicht selten ist, tragen Teile des Publikums verständnisvoll und mit Fassung. Oder es regnet auch fallweise deftige Beschwerdebriefe an die unschuldige Administration des jeweiligen Hauses, die ich hier in aller Deutlichkeit in Schutz nehmen muß. Was aber den blitzartig hereinschneienden Riesenerfolg eines Gesangsakrobaten anbetrifft, so ist dies eher ein Zeichen dafür, daß die Verantwortlichen aus einem Mangel an Fachkenntnis nicht richtig oder rechtzeitig vorher reagiert haben. Gute Theaterleiter sollten wissen, was sie wem wann und auf welche Weise gesanglich anvertrauen können. Dann wird sich der Erfolg des Premierenabends, aber auch der nachfolgende darauf zugeschnittene Spielplan besser kalkulieren lassen.

## AGENTURBEZOGENE ABHÄNGIGKEITEN

Die *agenturbezogenen* Determinanten umfassen die Überlegungen und Beweggründe des jeweiligen Impresarios, einen schlanken jungen Baß zu fördern oder eine hübsche Sopranistin zu vernachlässigen – auch umgekehrt natürlich! Wer weiß denn schon, was in einem Agentenhirn so alles vor sich geht. Der Gute ist ja auch abhängig von der Gunst der allmächtigen Theaterleiter, der Dirigenten, der Regisseure, die sich alle in die Sängerbesetzungen einmischen, indem sie manche Künstler favorisieren oder andere mit dem Daumen nach unten ablehnen. Geschäftstüchtige Agenten besorgen dann einem Regisseur eine gewisse Inszenierung an einem Haus eines gewissen Dirigenten, der dann wieder im Haus des Regisseurs ein interessantes Gastdirigat..., doch, vereinzelt soll das schon vorkommen. Die optimale Situation ist diejenige, in der wir rundherum von allen als Künstler und Mensch erwünscht, verehrt, geliebt, geküßt, halt ganz einfach engagiert werden. Der geschickte Impresario, der Vermittler zwischen Angebot und Nachfrage, baut sich für die gewinnbringende Vermarktung seiner „Lieblings-Singvögel" ein eigenes, ähnlich gelagertes Marketing auf, wie wir es hier zu Papier zu bringen versuchen.

<small>DIE MACHT DER IMPRESARIOS</small>

## PUBLIKUMSBEZOGENE ABHÄNGIGKEITEN

Zu den *publikums-* beziehungsweise *nachfragebezogenen* Determinanten rechnen wir alle jene Faktoren, die die Entscheidung der Käufer betreffen – der Konsumenten, die unsere Leistung in einem Opern- oder Konzerthaus erleben wollen, oder eine Platte, CD, ein Video oder einen Film von uns käuflich erwerben.
Unser großes Problem ist, daß die Qualität unserer Live-Darbietungen, die wir auf der Bühne produzieren und gleichzeitig verkaufen müssen, nicht standardisierbar ist. Das hätten wir gern und blieben dann auf ewig und drei Tage regierende Weltmeister in unserer jeweiligen Disziplin. Dabei ergeht es uns wie

<small>DIE QUALITÄT VERSCHIEDENER DARBIETUNGSFORMEN</small>

dem Tennisprofi, wenn er „in die Jahre gekommen" ist, gerade ein Hoch oder Tief hat, mit seinem Trainer schimpft oder über die Steuer, die ihm auf den Fersen ... Das kann die Konzentration, die Tages- oder Abendform von Künstlern sehr beeinträchtigen.

**DIE ZEITVERSETZTE LEISTUNG**

Unsere zeitversetzte Singerei auf Tonträgern sollten wir grundsätzlich so lange korrigieren, bis wir mit einem reifen Ergebnis zufrieden sind. Oft sind es andere, die uns ihren Geschmack an „Soundvorstellung" von unserer elektronisch manipulierten Stimme aufdrängen. Man muß dann entscheiden, inwiefern und wie weit man seine künstlerischen Wünsche in dieser Situation durchdrücken will. Professionell gut gestützte Einwände helfen eher, wenn sie als möglichst hilflose Fragen vorgetragen werden. Schimpfen, poltern, Kaffee über die elektronischen Steuergeräte schütten führt zu Mißstimmung und auf Dauer zu einem Karriereknick, zumindest in diesem Tonstudio ...

**LIVE ODER KONSERVE**

In der Regel sind sogenannte „Konserven" besser als die Live-Performance. Sie sind technisch reifer, weil wir zur Korrektur Zeit hatten. Den Reiz, der vom unmittelbaren Konsum eines gesanglichen Vortrags ausgeht, den Austausch der Gefühle, den die Korrespondenz zwischen Bühne und Auditorium ausmacht, lassen „Konserven" aber vermissen. Das zwischen unsere Kunst und den Hörer geschaltete Medium kann mit der sich revolutionierenden Technik jederzeit verfremden, aus großen kleine Stimmen machen und aus kleinen, unscheinbaren „Piepsstimmen" gewaltige Töne hervorzaubern. Hierin sehe ich neben einem Betrug am Kunden auch eines Tages ein Ende unserer langjährigen Bemühungen, unsere „verschlafene" Stimme zu einer großen ausbilden zu wollen.

**KONSUMENTENRISIKO**

Der zahlende Konsument trägt das Risiko, von unserer Leistung enttäuscht zu werden. Es gibt jedoch, wie schon verschiedentlich ausgesprochen, auch für die angestrebte Höchstleistung nicht jeden Tag ein Hoch. So sind es beispielsweise plötzliche, unvorhergesehene terminliche Überforderungen, agenturplanungs-, transport-, hotel- oder auch privatbezogene Schwierigkeiten, die unsere Singerei arg tangieren. Ich erinnere mich sehr gut an den berühmten Tenor, der kurz vor unserer gemeinsamen Bayreuther Parsifalvorstellung vom Ableben seiner Mutter erfuhr. Die Eingeweihten unter uns wußten natürlich nur zu genau, daß er im ersten Akt auf der Bühne folgendes zu singen hatte: „Tot, meine Mutter ...? Wer sagt's ...!?"

## Medienbezogene Abhängigkeiten

Die *medienbezogene* Abhängigkeit beim Aufbau einer Karriere hat in den letzten Jahrzehnten immer mehr an Bedeutung gewonnen. Sogenannte bestellte oder über Promotionfirmen gekaufte Homestories pflegen den Bekanntheitsgrad, und minimale stimmliche Leistungen können elektronisch verstärkt und mediengestützt großartige Scheinergebnisse erzielen. Um es mit dem Schriftsteller Günter Grass zu sagen: Sekundäre Merkmale treten zusehends in den Vordergrund und verdrängen die von uns angestrebte künstlerisch-handwerkliche Aussage. Kunst leitet sich immer weniger von Können ab, sondern wird von ihrer Intellektualisierung, der Verpackung, dem Äußerlichen, der Mode, dem Trend, vom Androgynen in der Imagepflege, dem „socializing" oder der Zugehörigkeit zu Mehr- oder Minderheiten bestimmt.

Der erfolgreiche Umgang mit den Medien unterliegt eigenen Gesetzen, die mit denen aus der Produktwerbung zu vergleichen sind. Amerikanische Opern- und Konzertsänger arbeiten daher nicht nur mit ihren Agenturen zusammen, sondern finanzieren auch eigene Promotionmanager, die wichtige Schienen zu den Medien legen. Auf diese Weise kommen Interviews oder TV-Auftritte zustande, die als flankierende Maßnahmen verstanden werden. Ein daraus resultierender Bekanntheitsgrad des Künstlers dient selbstverständlich sowohl dem Plattenverkauf als auch einem vollen Terminkalender. Das Publikum richtet sich gerne nach bekannten Namen. DIE GESETZE DER MEDIEN

Berühmte Sänger kosten ihren Preis, so daß es bereits Intendanten geben soll, die eine stärkere Affinität zwischen Künstler und Publikum unterbinden, indem sie die Stars nur noch sehr selten engagieren. Publikum und Sänger entfremden sich auf diese Weise voneinander, und da dann die Nachfrage stagniert, kann auch der Preis der Stars gedrückt werden ... Ich weiß jedoch nicht, ob dies wirklich der Wahrheit entspricht, doch wird es über sechs Ecken so kolportiert ... DIE ZEIT IST CONTRA STARS

## Bekannt – berühmt

Der Bekanntheitsgrad des Künstlers wird in der Aufbauphase seiner Karriere in erster Linie durch erfolgreiche gesangliche und darstellerische Leistungen begründet. Das heißt, die wichtigsten Opern- und Konzerthäuser haben hinsichtlich ihrer Bedeutung für die Höhe und Sprossenbreite unserer Karriereleiter eine unerhört wichtige Funktion. Vorausgesetzt, die fähige Leitung des Instituts und das kundige Publikum lassen sich nicht durch die Beurteilung der vorschreibenden Medien zu anderen Meinungen hinreißen.

Vergessen wir bitte niemals, daß wir immer nur so gut sind, wie dies andere zulassen . . .

*„Wie stimmt man sich richtig auf Konzerte ein? Musikkritiken . . ."*
Der Standard, Wien

*„Wenn Sie unsere Zeitung nicht lesen, dann wissen Sie gar nicht, wie Ihnen der gestrige Opernabend gefallen hat . . ."*
Frankfurter Allgemeine Zeitung

In „Taktlosigkeiten, Komponisten als Kritiker" von Claus Obalski fand ich folgende Zitate:

*„Es gehört Mut dazu, ein Künstler zu sein. Er muß sich darauf gefaßt machen, auch von den unberufensten und bedenklichsten Schwätzern jede Schmähung, jede Verunglimpfung zu ertragen."*
Peter Cornelius

*„Kritiker: Ihre Namen sind auf die Welt gekommen, dank der Dummheiten, die sie in geschraubten Worten vorbrachten. Zeitgenossen von Beethoven, Berlioz, Wagner zu sein und Papier zu schwärzen, um zu versichern, daß diese Künstler nichts von Musik verstehen, daß sie unfähig sind, scheint mir eine düstere Verrichtung zu sein, und ich möchte wohl gern erfahren, worin sie der Kunst nützlich sein könnte."*
Arthur Honegger

*„Mit Mozart kann ich nichts anfangen. Seine Musik ist zu leicht zu durchschauen. Das ist etwas für Kinder . . ."*
Der Komponist Heitor Villa-Lobos

ARBEITSVERHÄLTNISSE

GESANG IM LAUFE DER ZEITEN

Für die antiken Hellenen waren Musik und Gesang nachweislich Bestandteil ihrer Wissenschaften und ihres täglichen Lebens. Die Aufzeichnungen von Griechen wie Jamblichos oder Pythagoras sind uns dabei wertvolle Zeugnisse. Das europäische Mittelalter holte unsere Minnesänger als freischaffende Solisten an seine Burgen und Schlösser. Der berühmte Nürnberger

Schusterpoet Hans Sachs schuf im sechzehnten Jahrhundert beinah siebentausend Verse, Singgedichte und Theaterstücke, welche er der Öffentlichkeit als eine Art von teilweise allegorischem Sittenkodex anempfahl. Seine Fastnachtsschwänke und andere seiner Werke wurden unter den Argusaugen der Stadtväter als lehrreiche, derb-belustigende Knittelversreime von Laienspielern coram publico aufgeführt.

Vom vortragenden Sänger wurde im Mittelalter erwartet, daß er sich anpaßte und jedem Hörerkreis augenblicklich das Gewünschte bieten konnte. Viele epische Dichtungen sagen aus, welch umfassendes Repertoire dazu erforderlich war. So heißt es zum Beispiel im „Renner" von Hugo von Trimberg:

> *„Sô sprichet einer, ich hoerte gern*
> *Von hern Dietrich von Bern*
> *Und ouch von den alten recken,*
> *Der ander wil von hern Ecken,*
> *Der dritte wil der Ruizen sturm,*
> *Der vierde wil Sîgfrides wurm,*
> *Der fünfte wil hern Tristerant,*
> *Dem sehsten ist Erke baz bekant,*
> *Der sibende wil Hern Parzifâl,*
> *Der ahte die tafelrunne überal,*
> *Der niunde wil Krimhilden mort,*
> *Der zehende der Nibelunge hort,*
> *Den einliften gênt în mîniu wort*
> *Als der mit blîe marmel bort,*
> *Der zwelfte wil Rückern besunder,*
> *Der drzehende künic Alexanders wunder;*
> *Dirre wil den ritter mit dem rade,*
> *Sô wil jener gên ze dem bade,*
> *Dirre wil summern, der wil gîgen,*
> *Der wil trummen, der wil swîgen,*
> *Der wil harpfen, der wil rotten,*
> *Der wil tanzen, der wil notten,*
> *Der wil singen, der wil sagen,*
> *Der wil springen, der wil jagen . . ."*

Gabriel Voigtländer, ein wandernder niederdeutscher Hofmusikus, besingt sich und seine künstlerische Aufgabe im siebzehnten Jahrhundert in folgenden Versen:

> *„Tanzet man, so pfeif ich auch,*
> *Ich schicke mich zur Sachen!*
> *Ob die Torheit oft nichts taug',*
> *So muß ich doch mit lachen.*
> *Von den Lastern, von der Tugend,*
> *Von dem Alter, von der Jugend,*
> *von der Schönheit, Häßlichkeit*
> *sing' ich, wie es gibt die Zeit ..."*

Kenner erwarteten schon damals vom einzelnen Künstler Spitzenleistungen. Insbesondere bei den Mahlzeiten erschien der Sänger als erforderliches Mitglied einer versammelten Runde. Ludwig Uhland drückt diese sängerische Dienstleistung in etwas romantisierenden Versen aus:

> *„... er singt im Königssaal,*
> *Ihm staunen alle Gäste,*
> *Sein Lied verklärt das Mahl."*

FLORENZ — Die Wiege der heutigen Oper stand in Florenz. Aus ihren Anfängen hat sich im Laufe der Jahrhunderte eine Kunstform entwickelt, die bis heute die ganze Welt erobern konnte. Die Fürstenhäuser Europas ließen im Wetteifer miteinander Prachtbauten errichten, in denen Auftragswerke der Komponisten zur Aufführung gelangten oder Ensembleleistungen fremdländischer Sängerdarsteller für Erbauung und Kurzweil der „Elite" zu sorgen hatten. Heute gibt es kaum eine größere Stadt ohne mindestens einen Theaterbau mit einem dort beruflich tätigen Künstlerensemble und Orchester.

DAS „DREIMÄDERLHAUS" — Das sogenannte Dreispartentheater beherbergt Ballett, Schauspiel und Oper (Operette) unter einem Dach. Darüber hinaus finden in diesen kleinen bis mittleren Häusern bisweilen auch noch Symphonie- oder Solokonzerte ihre Abonnenten. Große Staatsopernhäuser und Nationaltheater pflegen oft nur noch entweder die Oper zusammen mit dem Ballett oder das Schauspiel.

## VERTRAGSFORMEN

Denken wir an die Verwertung unserer beruflichen Sängerleistung, so kommt in erster Linie die Zusammenarbeit zwischen Künstler und Opernhaus in Frage. Dies kann in Form eines zeit-, raum- oder vorstellungsbezogenen Engagements erfolgen.

**Der zeitbezogene Vertrag**

Ein *zeitbezogener Vertrag* kann entweder ein Engagement über eine oder mehrere Spielzeiten bedeuten, die üblicherweise jeweils im September beginnen und vor den großen Sommerferien des nächsten Kalenderjahres zu Ende gehen. Solche vertraglichen Vereinbarungen entstehen einmal, um dem Arbeitgeber (Opernhaus) die größtmögliche Disponibilität zu gewährleisten und um dem Sänger ein Maximum an beruflicher und sozialer Sicherheit einzuräumen. Gleichwohl bedeutet dies nicht unbedingt, daß die Sängerinnen und Sänger während dieser Zeit auch künstlerisch optimal zum Zuge kommen. Unsere egomane Auffassung, zuerst bei der Vergabe von supererfolgversprechenden Fachpartien gefragt werden zu wollen, muß sich überhaupt nicht mit der Intention der Theaterleitung decken. Und der große Agent will sich nicht immer die guten Beziehungen zum Intendanten, Regisseur oder Dirigenten verderben ... *Langjährige Fachverträge* können sich also trotzdem als ungünstig für eine Karriereplanung entpuppen. Es sei denn, wir haben uns an der Hand unseres klug vorausschauenden Vermittlers alle unsere vielversprechenden Fachpartien auf mehrere Jahre im voraus vertraglich zusichern lassen.

**Absenzen**

Gastierurlaube sind im Festvertrag genehmigungspflichtig und können Antragsuchenden entweder frei oder unter Abzug einer anteiligen Tages- oder Monatsgage gewährt oder verrechnet werden. Auch kommt es vor, daß man einen Ersatz, einen Gast, als „Einspringer" zu bezahlen hat. De jure muß uns während der Monate der aktiven Spielzeit – ohne zusätzliche schriftliche Vereinbarungen – gar kein Urlaub zugestanden werden.

**Begrenzte Festverträge**

Die zweite Form einer möglichen Vetragsgestaltung zwischen uns und unserem Arbeitgeber ist ein begrenzter Festvertrag mit entsprechender Präsenz und über die Sommerferien hinausreichenden bezahlten oder unbezahlten Urlauben. Für die verbleibende Anwesenheit bespricht man dann auch Rollen oder Neuinszenierungen, weniger jedoch genaue Aufführungsdaten, da der Spielplan zumeist noch im Entstehen begriffen ist. Wir dürfen jedoch davon ausgehen, daß unser Arbeitgeber in diesem Fall alles aus uns herausholen will – zumindest im Unterschied zum ganzjährigen Festvertrag. Ratsam ist es, einen Stichtag zu fixieren, ab welchem wir unsere Freiräume von seiten des Theaters zugesichert haben wollen. Nur so können wir auf Anfragen von anderen Opernhäusern oder Konzertveranstaltern usw. rechtzeitig reagieren.

| | |
|---|---|
| DIE OPTIMALE SACHE | Günstig sind Verträge mit ganzjährigem Einkommen, also Monats- oder Abendverträge, die in zwölf gleichen Raten für eine finanzielle und soziale Absicherung sorgen. |
| STÜCKVERTRÄGE | Bei Stückverträgen werden wir nur für unsere Fachpartien engagiert. Der Arbeitgeber zahlt uns (zumindest in Deutschland, Österreich und der Schweiz) eine bestimmte Summe für die Wochen der Probenzeit und die jeweils gesungenen Einzelabende. Auch während dieser zeitlich begrenzten Angestelltenverhältnisse sollten wir (weisungsgebunden) wann immer möglich mit Steuerkarten arbeiten. (Dies ist nur im jeweiligen Inland, also dem Steuerwohnsitz, möglich.) Die Opernhäuser tragen dann die Hälfte unserer Sozialabgaben und einen Teil der Kommission an unsere Agentur. |
| DER STARGAST | Einzelabende, Galaveranstaltungen oder Einspringen mit geringen Verständigungsproben zählen in manchen Ländern gesetzlich zu selbständiger Tätigkeit. Das Finanzamt kann sich nicht vorstellen, daß Ensembleleistungen auf der Bühne in jedem Fall ein abhängiges Miteinander bedeuten ... Jetzt zahlt der Veranstalter keine sozialen Beiträge mehr für uns, und die Kommission dürfen wir auch alleine abführen. Auch verlangt der Fiskus noch zusätzlich eine Mehrwertsteuer von unseren Bruttoeinnahmen. |
| UNVERHOFFT KOMMT OFT | Übrigens, die meisten Anfragen zum Einspringen für einen erkrankten Kollegen erfolgen genau in dem Augenblick, wo wir gerade dabei sind, den Weihnachtsbaum zu schmücken. Da heißt es dann mit wenig Bedenkzeit gut überlegen, ob wir mit unserer lieben Familie feiern wollen, die ohnehin das ganze Jahr über zu kurz kam, oder den Erwerb der weißen Villa am See auf die Entscheidungswaage werfen ... |
| KONZERTVERTRÄGE | Private oder staatliche Konzertveranstalter signieren immer nur Stückverträge. Die Einzelabende im Konzertbereich definieren den freischaffenden Künstler. Die Mehrwertsteuer bei Konzerten, bei TV-Mitwirkungen, Plattenproduktionen u. a. ist zur Zeit unterschiedlich. Wir sollten diesen Durchgangsposten – wo immer möglich – unserem Arbeitgeber in Rechnung stellen. |
| WEISUNGSGEBUNDEN | Im Angestelltenverhältnis (weisungsgebunden) werden unsere vorläufigen Steuern von unserem Arbeitgeber einbehalten und an den Fiskus abgeführt. Bei hohen Werbungskosten empfiehlt es sich auch, gelegentlich freie Verträge abzuschließen, da berufsbedingte Unkosten – nach dem Willen des Gesetzgebers – eher den freien Unternehmer als den Angestellten tangieren. |

Bei freischaffenden Künstlern werden sie problemlos als abzugsfähige Posten in der Steuererklärung anerkannt.

Eine lückenlose Buchführung, die zwar viel Zeit und Energie kostet und die Karriere empfindlich behindert, kann die Basis für eine finanziell gesicherte Existenz sein. Selbstverständlich haben wir einen guten Steuerberater, der nichts mit einem ungeordneten Zettelkasten anfangen kann, sondern eine überschaubare und logische Buchführung von uns haben will, soll er sich im Kampf gegen unser Finanzamt verdienstvoll für uns zur Wehr setzen können.

*Die Buchführung*

## Von der Gefahr und Notwendigkeit, gegen den Strom zu schwimmen ...

Wenn heutzutage in entsprechenden Kreisen über die schönen Künste philosophiert wird, dann vergessen die meisten vielerorts das Menschliche in der Person des Interpreten und daß Mimen nicht anders als Vorstandsmitglieder mit zwei Beinen auf dem Boden der freien Marktwirtschaft stehen sollten, wollen sie sich auch nur die Möglichkeit zur weiteren Produktion ihrer Kunst erhalten.

*Philosophie contra Realität*

### Vermarktungspolitik

Will man sich eine fundierte Karriere und ein sicheres Einkommen ersingen, dann gilt es, die Leistungen künstlerisch optimal zu erarbeiten und nach ökonomischen Gesichtspunkten zu verwerten. Die Summe aller hier zu ergreifenden Maßnahmen wird als Vermarktungspolitik verstanden. Alle künstlerischen Ziele sind sicherlich zunächst idealistischer Natur, nämlich die Suche nach Anerkennung und persönlicher Verwirklichung. Leider sind die schönen Zeiten des bargeldlosen Tauschhandels heute finanzamtlich weitgehend unterbunden. Daher kommt auch der sonst so verklärte künstlerische Erfolg in der gegenwärtigen Wirtschaftsordnung in erster Linie durch Geld zum Ausdruck.

Zwar sind nicht alle persönlichen Befriedigungswerte mit Finanzen aufzuwiegen, aber auf der anderen Seite existiert auch nicht ein einziges Hemd irgendeines Glücklichen, das nicht mit Geld erlangt worden wäre. Der „schnöde Mammon" ist Ausdruck und Maßstab jeden Erfolges, Voraussetzung und Basis ei-

*Das Hemd des Glücklichen*

nes erfüllten Daseins. Auch die Veranstalter, die Administrativen der Opernhäuser, treffen ihre Auswahl nach diesen Parametern. Nach Gagenlisten werden die Goldkehlchen eingekauft, in Schubläden archiviert oder von Computerfestplatten über Faxmodems aus den Agenturen angeheuert.

*Die Einnahmepolitik* — Analog zu marktorientierten Wirtschaftsordnungen sollten auch Opern- und Konzertsänger zwischen kurzfristiger und langfristiger künstlerischer und ökonomischer Einnahmepolitik unterscheiden. Hier erwächst uns ein bunter Strauß von unlösbar scheinenden Interessenkonflikten zwischen Theater, Veranstaltern, der Agentur und unseren so gut gemeinten Ideen. Versucht man das Prinzip der Einnahmenmaximierung bei jedem Vertragsgespräch bedenkenlos in den Vordergrund zu schieben, dann werden die entsprechenden Entscheidungsinstanzen irgendwann sauer und geben bei nächster Gelegenheit – mutatis mutandis – einem anderen, weniger aufmüpfigen Interpreten den Vorzug. Das heißt, unser Mime hat zu hoch gepokert, zu kurzfristig geplant, nicht auf seinen weisen Impresario gehört oder sich sogar von einem ungeschickt verramschenden „Opernseelenverkäufer" um eine längerfristig sprudelnde künstlerische und wirtschaftliche Einnahmequelle bringen lassen.

*Vorsicht in der Gagenpolitik* — In der Aufbauphase einer Karriere scheint es besonders ratsam, eine kurzfristige Einnahmenmaximierung zu vernachlässigen, obgleich ein größtmögliches Einnahmevolumen im Laufe einer langjährigen Opern- oder Konzerttätigkeit erzielt werden sollte. Behutsames Abwägen ist angesagt – und das Lernen aus Fehlern anderer. Gute Selbsteinschätzung, Kenntnis über den eigenen Stellenwert in der Branche und fundierte Ratschläge eines besonnenen, langfristig an uns interessierten Agenten sollten unsere Entscheidung in jedem Fall beeinflussen.

*Langfristig planen* — So kann es beispielsweise vernünftiger sein, sich mit einem Fachvertrag und geringerem Salär durch strahlende Erfolge und von jedermann verehrt an einem mittleren Opernhaus wohl zu fühlen – auch und gerade, um sich in der Fachwelt einen guten Namen zu machen. Auf diese Weise zementiert man die Basis für eine langfristige Karriere mit kontinuierlich steigenden Einnahmen, deren Spitze selbstverständlich wiederum durch Angebot und Nachfrage bestimmt wird, auch durch die in rezessiven Zeiten immer drastischer gerupften staatlichen „Subventionsalmosen", will sagen, das magersüchtige Budget der Veranstalter.

> Sogenannte Entscheidungsbäume sowie regelmäßiges „brainstorming" über den Pro-und-kontra-Analysen – unter Einplanung möglichst vieler Faktoren – sind bei jeder Entscheidungsfindung immer wieder sehr hilfreich.

*Die „simple" Rechnung*

## Die Verintellektualisierung der Oper

Der Publikumsgeschmack kann sehr inhomogen sein. Auch ist er in der Masse raschen Wandlungen unterworfen, die mit Zeitströmungen oder Medienmanipulationen zusammenhängen können. Während sich die amerikanischen Theater, die dortigen Opernintendanten oder Regisseure weitgehend nach den Bedürfnissen der Mehrheit ihrer privaten Mäzene richten, müssen sich die künstlerischen Absichten europäischer, also staatlich bezuschußter Kulturinstitute nicht unbedingt nach einem Abnehmer ihrer Angebote orientieren. Auf diese Weise können audiophile Opernfreaks durch videophile oder sogar durch eine Art Sensationspublikum ersetzt werden, welches durchaus kurzfristig für eine Auslastung im Kartenkontingent sorgen kann.

Langfristig mag sich dadurch die entsprechende Kunstform – hier Oper – verändern und auch die Vermarktungspolitik unserer professionellen Sänger beeinflussen.

Waren vor einigen Jahrzehnten noch die Größe der Stimme, ihre intelligent geführte Ausdrucksfähigkeit sowie die darstellerischen Mittel alleinige Axiome für Erfolg oder Mißlingen, so stehen heute Optik und Image ganz entscheidend im Rampenlicht. Die Oper als Kunstform ist darüber hinaus in einem Prozeß der „Verintellektualisierung" begriffen – und damit wird unsere Kunst zu berechenbarer, nüchterner Wissenschaft.

*Tutto declina . . .*

> *„Doch einmal im Jahre fänd' ich's weise,*
> *daß man die Regeln selbst probier,*
> *ob in der Gewohnheit trägem Gleise*
> *ihr Kraft und Leben nicht sich verlier!*
> *Und ob ihr der Natur*
> *noch seid auf rechter Spur,*
> *das sagt euch nur*
> *wer nichts weiß von der Tabulatur*
> *. . .*

> *Daß Volk und Kunst gleich blüh und wachs,*
> *bestellt ihr so, mein' ich, Hans Sachs!"*
>
> Hans Sachs bei Wagner im ersten Akt
> der Oper: „Die Meistersinger von Nürnberg"

Der Meister Kothner als Gegner von Sachs argumentiert jedoch aus damaliger und heutiger Sicht eines großen Teils unserer Theatermacher realitätsfern:

> *„Der Kunst droht allweil Fall und Schmach,*
> *läuft sie der Gunst des Volkes nach . . ."*

WAS IST DERZEIT GEFRAGT?
Berufssänger werden diese Zeichen der Zeit als Faktoren mit in ihre Pro-und-kontra-Analyse nehmen, sich stylen und dann erfolgreich an ihrem Image herumfrisieren. Schlanke, junge Interpreten sind derzeit gefragt, ständige Novizen, die sich noch jungfräulich (ver-)bilden lassen. Das stillt auch den mehr und mehr um sich greifenden Entdeckertrieb der Veranstalter. Was gibt es Neues auf dem Markt? Auch duldet die Hierarchie der Operntempel nicht gerne besserwisserische Argumentierer, sondern bedient sich lieber weisungsgebundener, williger „Sängersklaven". Diese einzelnen Punkte müssen wir studieren, akzeptieren und uns dazwischen geschickt hindurchlavieren.

UNBEQUEMES . . .

Beim Publikum gibt es je nach Region, Mentalität und Sprache spontane Zustimmung zu künstlerischen Leistungen oder verhalteneren Beifall. Es gibt progressive Tendenzen oder konventionelle, auch Animositäten bezüglich Rasse, Herkunft . . ., ach, Sie meinen, das sei völlig aus der Luft gegriffen? Gut, dann streichen wir diesen unbequemen Satz!

DIE UNSICHERHEIT
Der einzelne Akteur sieht sich zwar ein ganzes Künstlerleben lang in hohem Grade auf sein Fingerspitzengefühl angewiesen – wenn es um die schwierige Entscheidung der zweckmäßigen Maßnahmen zur Verwertung seiner Leistungen geht –, doch wäre ein bewußtes Schwimmen gegen den Strom in einem komplizierten Abhängigkeitsverhältnis (analog zur freien Wirtschaft) sicherlich nicht anzuraten. Oder wir werden eben ein ganz freischaffender Sänger, unser eigener Plattenproduzent und Opernhauseigner und erst nach einem Leben in ständigen finanziellen Nöten, also posthum, mit Lorbeer bekränzt.

*„Da der Ruhm, der nach dem Tode in der Welt bleibt, unnütz und unsicher ist, sollte man mit allem Eifer danach streben, ihn vorher zu genießen, damit nicht ein untergeschobenes Phantasiebild, sondern die wahre Person die Früchte ehrenwerter Arbeit erlangt, welche sie verdient hat."*

Schluß der achten Vorlesung der „Lezioni Accademiche d'Evangelista Torcelli", berühmter Mathematiker und Nachfolger von Galilei, 1608–1647

## *Marketing und Timing*

Die angebotene Leistung muß sowohl künstlerisch als auch marktmäßig auf einen hinreichenden Bedarf stoßen. Sonst würde sich ein mühsam aufgebautes Repertoire von Opernrollen, die kein Theater haben will, kaum rentieren. Das Zünglein an dieser Waage kann sowohl der andersgeartete Spielplan eines Opernhauses sein, oder die Rollen passen wirklich nicht zur Stimme oder äußeren Erscheinung des Sängers. Dabei differieren die Anschauungen häufig.

LEISTUNG UND BEDARF

Deshalb ist es sinnvoll, den Markt so intensiv wie möglich zu studieren und mit den eigenen stimmlichen und körperlichen Fähigkeiten zu vergleichen. In jedem künstlerischen Marketingmix muß die Leistung internationalem Qualitätsstandard entsprechen – oder sogar besser sein.

ÜBERBLICK SCHAFFEN

Am besten, wir setzen uns mit unserem Management zusammen und wählen den Ort und das richtige „Timing" für unsere Aktivitäten aus – alles unter dem Gesichtspunkt einer längerfristigen künstlerischen und ökonomischen Buchführung.

Weitere Faktoren bei unserer Entscheidung sind zum Beispiel die Größe des Theaters im Vergleich zu unserer Stimmkapazität, das Renommee des Hauses, die Position und Güteklasse des Orchesters. Welchen Ruf haben die hauseigenen Administrativen, die Sänger, welchen die regelmäßigen Gäste?

ZUSÄTZLICHE FAKTOREN

Auch die Leistungsfähigkeit der Kollegen kann die Annahme oder Ablehnung eines Engagements bestimmen, denn das Publikum läßt sich nicht selten auch von der Gesamtaussage des Abends beeinflussen. Eine erstklassige Ensembleleistung kann uns mit nach oben tragen. Eine miserable künstlerische Darbietung zieht ebenfalls viel Aufmerksamkeit auf sich und automatisch von unserer guten künstlerischen Aussage ab.

| | |
|---|---|
| GRAUE THEORIE | Theoretisch sind solche Überlegungen möglich, in der Praxis jedoch wenig zielführend, noch dazu, wenn man den derzeitigen Markt betrachtet. Viel zu viele Sängerinnen und Sänger sind arbeitslos und unterbieten einander in ihren Forderungen. |
| DIE HÄNDLER | Die zwischen Nachfrage und Angebot geschalteten Agenturen oder Manager sind vergleichbar mit den Distributionskanälen im Produktions- oder Konsumgüterbereich. Diese Zwischenhändler erwarten die Zahlung einer Provision für ihre Dienste. Sie ist betriebswirtschaftlich mit Vertriebskosten gleichzusetzen. |
| | Agenten, Manager oder persönliche Sekretariate stellen Kontakte her, ebnen Wege, vermitteln Engagements. Während Agenturen eingehende Anfragen eventuell mehr nach dem Gesichtspunkt der eigenen Gewinnmaximierung auswerten, haben Manager öfter die langfristige Sicherung ihrer Künstler im Sinn. Agenten geben in der Regel jenem Mimen den Vorzug, dessen Engagement mit der höchstmöglichen Provision verbunden ist. Manager oder Sekretariate investieren. Sie bauen auf und tragen mit dieser Unternehmung ein hohes Risiko. |
| DIE SELBSTKOSTEN ZÄHLEN NICHT | Die Vorlaufkosten sind weder für den Künstler noch den Vermittler Vertragsgegenstand, sollten die Bemühungen beider zu einem Engagement des Künstlers führen. |
| | Die Vorlaufkosten des Künstlers sind im wesentlichen die lange Ausbildungszeit, die augenblicklich notwendigen Finanzierungen der Leistungserstellung sowie das Büro mit allen seinen Einrichtungen, Telefon, Fax etc. |
| | Die Vorlaufkosten des Impresarios sind alle Kosten, die in seinem Büro anfallen, in erhöhtem Maße sind es Ausgaben für Telefon, Fax oder Internet etc. Und natürlich die vielen Reisen, um Intendanten, Regisseure, Dirigenten oder Sänger zu treffen und Opernabende zu besuchen. |
| | Während für Industriegüter die Preisforderung zunächst über eine Kalkulation der Selbstkosten zuzüglich der sogenannten Overheads und geplanten Gewinnaufschläge ermittelt wird, ist die Honorarforderung eines professionellen Sängers normalerweise das Ergebnis einer retrograden Betrachtungsweise: Die augenblicklich diktierende Gagenkonferenz der Theaterleiter (als Arbeitgeber) legt den finanziellen Wert des Künstlers fest. Die individuelle Position des Mimen entscheidet über seine Zustimmung oder Ablehnung. |
| CARPE DIEM *ET* NOCTEM | Über den Bekanntheitsgrad erwirbt der Sänger ein mehr oder |

weniger starkes Meinungsmonopol. Ob sich Investitionskosten amortisieren, hängt von der Größe und dem zeitlichen Umfang einer Karriere ab. Der persönliche Lebensstil ist dabei nicht Ziel unserer Betrachtung. Da unsere Dienstleistung von vielen unvorhersehbaren Faktoren und ganz entscheidend von der augenblicklichen körperlichen und gefühlsmäßigen Form des Mimen bestimmt wird, ist es in jedem Falle ratsam, sich ein finanzielles Reservepolster anzulegen. Carpe diem *et* noctem ...

## ÖFFENTLICHKEITSARBEIT

Darunter ist das bewußt geplante Bemühen zu verstehen, ein positives Image für ein Produkt aufzubauen und auf Dauer zu pflegen. Es ist falsch anzunehmen, die ständig in den Himmel verfrachteten Künstler würden einzig und allein für ihr überdurchschnittliches Produkt – ihre Kunst – auf Händen getragen und ständig in Naturalien, Gold oder Aktien aufgewogen. In der Regel werden sie an ihren tagesformbedingten Leistungen gemessen. Bei gutem Ergebnis erfreuen sie sich allgemeiner Beliebtheit – so niemand dagegen ist (selten) –, oder sie werden mit Buhrufen gesteinigt, verflucht und aus den Operntempeln hinausgejagt.  
Professionelle Sänger sind zuerst einmal auf die akquisitorische Wirkung ihrer gelungenen Spitzendarbietung angewiesen, aus welcher durch entsprechende Mundpropaganda und die Werbung über die Print- und sonstigen Medien gesteigerte Nachfrage resultiert. Oder die Rezensenten sind – in der Regel –, anderer Meinung und finden, daß wir einfach um zwei Zentimeter zu groß sind und außerdem – Frechheit – sonntags immer ohne Hund in der Straßenbahn fahren.  
Grundsätzlich können Beurteilungen in den Medien positiv oder negativ ausfallen. Daher haben sich die Amerikaner auf „Even bad news is good news" geeinigt. Es soll schon Karrieren geben, die nur vom Image ihrer andauernd miserablen Kritiken leben. Solche Künstler rekrutieren dann eher ein Sensationspublikum – und leben vielleicht gar nicht so schlecht davon.  
Natürlich lassen sich katastrophale Nachrufe kaum beeinflussen, es sei denn, wir kennen den Schreiber persönlich aus dem Tennisclub oder geben seiner untalentierten Nichte Gesangstunden – gratis!  
Um die Folgen negativer Beurteilung abzuschwächen, werden

<small>PUBLIC RELATIONS</small>

<small>WIE DIE NACHFRAGE ENTSTEHT</small>

<small>GOOD NEWS, BAD NEWS</small>

<small>SCHLECHTE KRITIKEN</small>

häufig imageerhöhende oder -verbessernde Berichte, auch sogenannte „homestories", in der (Regenbogen-)Presse lanciert. Promotionmanager kümmern sich um derlei Aktivitäten und partizipieren an den direkt oder indirekt durch die Werbung erzielten Umsätzen des Künstlers. Diese Ausgaben erläutert man seinem Finanzamt und nennt sie abzugsfähige Werbungskosten.

DER BEKANNTHEITSGRAD  Der Bekanntheitsgrad oder die geschickt vermarktete Medienneugier auf das Unbekannte entscheiden oft über ein Engagement. Außergewöhnliches ist immer aufregend, also interessant für den Verbraucher, welcher mit guten Leistungen oder Lobeshymnen darüber weniger anzufangen weiß.
Leben Sie in Scheidung? Hat man Sie in der Sakristei der Sixtinischen Kapelle mit einem Außerirdischen erwischt? Ja, wirklich? Donnerwetter, das bringt Ihnen garantiert einen unglaublichen Bekanntheitsgrad – weltweit – und einen Plattenvertrag obendrein. Und weil Sie jetzt jeder aus allen Medien kennt und Ihren Namen buchstabieren kann, sind auch Ihre Konzerte oder Opernaufführungen ausverkauft. Ihr schneeweißer Katamaran eignet sich nur bedingt zu einer längeren Public-relations-Aktion. Doch höre ich gerade, Sie konnten eine entfernte Blutsverwandtschaft zum englischen Königshaus nachweisen... Phantastisch, Ihre mediale Zukunft ist gesichert.

## EMPIRISCHES

LUFT UND LIEBE  Zweifelsohne bereitet es uns Genugtuung und Freude, in der Badewanne zu singen oder unserer Herzallerliebsten ein „Happy Birthday" anzubieten. Doch beruflich sollte unser professionelles Denken den Markt in den Mittelpunkt aller unserer Überlegungen und Maßnahmen stellen. Das darf man allerdings niemandem erzählen, nicht einmal hinter vorgehaltener Hand. Offiziell sind nämlich die Musen in höheren Sphären angesiedelt, und diejenigen, die sich damit abrackern, sind virtuelle Künstler, die es tatsächlich fertigbringen, nur von Luft, Liebe und allzeit herzlichem Beifall zu leben.

DIE INSIDERAHNUNG  Zu unserer zielorientierten Handlungskonzeption (nennen wir sie Marketing) gehört beispielsweise die konsequente Untersuchung aller Engpaßfaktoren, die den Absatz unserer Ware – also unserer künstlerischen Dienstleistung – tangieren. Innerbetrieblich sind dies für den freischaffenden Künstler zum einen die eigenen Kapazitätsrestriktionen: was wir wann, wie oft Tag und Nacht singen und spielen können, während wir gleichzeitig umfangreiche Büroarbeit erledigen und in der Weltgeschichte herumfliegen.

Zum anderen und außerbetrieblich sind es die faktischen oder voraussichtlichen Bedürfnisse der effektiven und potentiellen Interaktionspartner. Das heißt, wir selbst oder andere für uns sammeln alle greifbaren Informationen über die tatsächlichen und die mutmaßlichen Entwicklungen auf und neben den Brettern, die die Welt des Theaters ausmachen. Wir werden feststellen, es geht dort ebenso unsicher zu wie an der Börse. Mit den Jahren bekommt man ein Fingerspitzengefühl dafür, ein kaum zu erklärendes Insiderahnen, und unser unschlagbarer Managerfuchs lebt schon seit Dekaden davon.

## *Die Entwicklung einer Marketingkonzeption*

> Wir untersuchen:
> Die *Lage* – das *Ziel* – die *Maßnahme,* die zu ergreifen ist, um das Ziel zu erreichen.

Dabei ergeben sich, unternehmerisch und gleichzeitig künstlerisch gedacht, vier Phasen:
1. Wie gut bin ich? Wie gut sind die anderen? Bin ich besser? Wer dirigiert, und wie? Mag mich der Maestro? Schaffe ich die höchstintellektuelle Regie, die Gesamtanforderung?
2. Was will ich erreichen – materiell und immateriell? Wohin soll mich das Engagement kurz-, mittel- oder langfristig bringen?
3. Was kann oder muß ich tun, um an die Rolle, ans Ziel zu kommen?
4. Eine gut durchdachte Erstellung von *Einzelplänen* kann ebenfalls hilfreich sein, sie sind die Varianten einer sich täglich ändernden strategischen Planung. Oder wir studieren das Wesen der Wahrscheinlichkeitsrechnung und die neuesten chaostheoretischen Erkenntnisse. Würfeln bringt nichts . . .

Die Informationsbeschaffung ist ein nie enden wollender Prozeß analog zur täglichen Suche nach dem perfekten Sitz der Stimme. Nur durch permanente Aufmerksamkeit und Umsicht ist eine befriedigende Planung einzuleiten. In den meisten Fällen befinden sich die professionellen Sänger in einem Zustand

DIE ANALYSE UND DIE WAHL DER STRATEGIE

INFORMATIONSMANGEL OHNE ENDE

der unvollständigen Information. Dies dürfen wir erst dann ignorieren, wenn wir uns als einmaliges Koloraturphänomen oder als hochmodisch gestylter und konformistischer Weltbaß den Inhalt des zu unterzeichnenden Vertrages selbst diktieren.

### Alles hat seinen Preis

Wo Kunst Geschäft ist und als immaterielle Dienstleistung oder Ware in den Marktprozeß eingeordnet wird, muß sie sich konsequenterweise auch den Marktgesetzen beugen.

Wir können unsere so wunderbar erschlossene Gesangstimme natürlich auch nur unter Freunden, also gratis, vorführen und im übrigen von einem ererbten Taxiunternehmen leben. Wollen wir jedoch unternehmerisch lukrieren, dann müssen wir uns unweigerlich anpassen, unseren eigenen Geschmack in die Besenkammer stellen und die Wünsche, Auflagen, Launen oder Bedürfnisse unserer Vertragspartner und des Publikums erfüllen. Oder beides gleichzeitig, selbst wenn das noch so katastrophal divergiert.

Sind uns unsere ökonomischen Ziele wichtig – und das setzen wir beim professionellen Künstler voraus –, dann werden wir uns tunlichst beliebt machen oder als diktierender Star gefürchtet werden. Vertreten wir die Reinheit unserer künstlerischen Aussage und beharren lautstark auf diesem Standpunkt, dann machen wir uns gegebenenfalls – nicht immer, aber immer öfter – unbeliebt, und unsere Finanzlage bekommt ein großes Loch im Hosenboden.

**Liquidität ist Macht**  Der Fortbestand unserer sängerischen Karriere ist nicht nur von unserer physischen und künstlerischen Disposition abhängig, sondern auch von der Sicherung unserer Liquidität. Das heißt, wir müssen immer in der Lage sein, unseren Zahlungsverpflichtungen fristgerecht nachzukommen. Leider gibt uns der Gesetzgeber bei allem sonstigen unternehmerischen Status derzeit noch keine Möglichkeit, betriebliche Rücklagen zu bilden, um uns in Notsituationen über Wasser halten zu können. Unserem überaus hohen Gesamtrisiko wird analog zum professionellen Sport keine besondere Rechnung getragen.

Abhilfe schaffen ausgeklügelte, steuerlich legale Abschreibemöglichkeiten oder Werbungskosten, die sich ebenfalls ständig gesetzmäßig ändern können und hartnäckig gegen das unbarmherzige Finanzamt verteidigt werden müssen.

Auf Dauer wird die Qualität einer hohen künstlerischen Leistung durch eine Spitzendarstellung sowie durch Zuverlässigkeit und Vertragstreue begründet. Auch sind es Verhaltensweisen, Anpassung oder Renitenz, Äußerlichkeiten, Image, Bildung, gesellschaftlicher Status, Staatsangehörigkeit, Hautfarbe, sexuelle Neigung u. v. m., welche alle Auswirkungen auf die „Nachfrage" haben können und damit auch auf die durchsetzbare Gagenhöhe und Kapazitätsauslastung. Auf diese Weise sind Image und Reputation in einer Welt, die zusehends weniger vom richtigen Singen versteht und noch dazu mehr und mehr an optischen Eindrücken hängt, wichtig für den Lebenszyklus einer Karriere.

NACHFRAGESTEUERNDE EIGENSCHAFTEN

Am besten ist es, wir schreiben alles auf, was uns an möglichen Punkten oder Fakten einfällt, und machen uns drei verschiedene Konzepte für unsere Pläne oder unternehmerischen kurz-, mittel- oder langfristigen Ziele. Selbstverständlich müssen wir in diesem Zusammenhang unbedingt an die Mailänder Scala oder an die berühmte Metropolitan Opera in New York. Auch wenn wir diese hochgesteckten Positionen nicht erreichen, anstreben müssen wir die höchstmöglichen Sprossen auf der Karriereleiter und unter Umständen Nationalität und verräterischen Namen wechseln – oder sonst noch was!

HOCHGESTECKTE ZIELE

Manches läßt sich realisieren, Wünsche bleiben offen und werden durch positives Denken in ihre Schranken gewiesen. Nach Plato sind Meinungen wie Gefängnisse oder dunkle Höhlen, in die kein Lichtstrahl dringt – nicht alle natürlich. Stehen wir mit unserer Meinung plötzlich berechtigtem Argwohn gegenüber, dann legen wir sie doch einfach ab. Zur Not brauchen wir überhaupt keine Meinung. Die Meinungslosen kommen mit jedermann gut aus und ziemlich weit.

WÜNSCHE BLEIBEN OFFEN

## GRUNDSÄTZE DER KARRIEREPLANUNG

Bei der Entwicklung der Zielkonzeption ist es zweckmäßig, eine Politik der vorsichtigen kleinen Schritte, eine sogenannte inkrementalistische gegenüber einer plumpen, verletzenden, holistischen Vorgangsweise zu wählen. Nicht selten muß man nämlich auf der Karriereleiter wieder zurückkraxeln. Deshalb ist eine enge Sprossenbreite für die „steady to rise"-Karriere, den kontinuierlichen Aufstieg, günstiger. Folgende Grundsätze können die Planungen erleichtern:

> 1. Die einzelnen Ziele müssen konsequent aus einer *kritischen Analyse*
> o der eigenen *Fähigkeiten,*
> o der *Situation*
> o und der *Nachfrage* abgeleitet werden.
> 
> Sollten wir also nur die Elisabeth aus dem „Tannhäuser" von Richard Wagner in unserem Repertoire haben, und der Veranstalter sucht händeringend eine Aida von Verdi – ja, dann gibt es leider zuwenig Konsens.
> 
> 2. Die festgelegten Ziele müssen die eigene *physische und intellektuelle Leistungsfähigkeit* berücksichtigen.
> 
> Wir sollten nicht schon im ersten Anfängerjahr die Partie des Hans Sachs in den „Meistersingern von Nürnberg" in Angriff nehmen, sondern besser noch fünfzehn oder siebzehn Spielzeiten damit warten. Zu Beginn unserer Karriere wären wir damit normalerweise noch physisch und intellektuell überfordert.
> 
> 3. Die Ziele müssen mit den *zur Verfügung stehenden Möglichkeiten* realisiert werden können.

RISIKO VS. WÜNSCHE — Das Risiko ist fester Bestandteil aller unternehmerischen Philosophie. Wünsche sind jedoch nichts anderes als Träume. Es wäre also sicherlich niemandem anzuraten, viele Jahrzehnte lang enorme Finanzen und zeitlichen Aufwand in eine Ausbildung investieren zu wollen, wenn nichts dabei herausschaut, nur um einmal als Nachtwächter in den „Meistersingern" über die Bühne gehen zu dürfen. Es obliegt dem pathologischen Zustand des einzelnen, zu welchen Konditionen er seine oder sie ihre Seele verkauft.

REIFUNGSPROZESSE — Die Auswahl der Angebote richtet sich nach kurz-, mittel- oder langfristiger Planung und nach unseren individuellen Fähigkeiten. Wir bleiben immer etwas unterhalb unserer stimmlichen, auch darstellerischen Leistungsgrenze. Selbstverständlich wächst man mit seinen Aufgaben, doch ist es naturbedingt besser, weniger anstrengend und daher gesünder für unsere eigene und die Lebensdauer unserer Kunst, wenn wir langsam in die jeweils schwierigeren oder dramatischeren Rollen hineinreifen. Im Alter übernehmen wir dann für gewöhnlich das sogenannte Charakterfach, die Hexe in „Hänsel und Gretel" oder werden diversifizierend Professor an einer ehrwürdigen Musikhochschule.

Wir treten nicht zu oft am selben Theater auf, das nutzt ab – aber auch nicht zu wenig, sonst können sich Publikum und Pförtner nicht mehr an unser Gesicht erinnern.
Dies alles ist von Fall zu Fall, von Tag zu Tag, von Stadt zu Stadt und vom „Einfluß des Halleyschen Kometen" abhängig, von Sonnen- und Mondfinsternissen, aber auch von Fußballweltmeisterschaften.

Und noch etwas

## *Steuerfragen*

Legionen von Finanzbeamten und Steuerberatern sind heute mit unseren Einkünften und Ausgaben beschäftigt. Und da wir im Computerzeitalter rein gar nichts „schwarz unter dem Tisch" einnehmen können, weil alle Veranstalter der Welt mit allen Finanzämtern des Universums „konspirieren", heißt es Tag und Nacht Belege sammeln. Über unsere Einnahmen haben wir die Mitteilungspflicht des braven Steuerzahlers. Um Anerkennung unserer Ausgaben müssen wir beim Fiskus kämpfen. Eine lückenlose Buchführung ist in jedem Falle sehr zu begrüßen!

Die Buchführung

Steuerprobleme

> Die sängerberuflichen Einkünfte unterscheiden wir in:
> 1. in- und ausländische;
> 2. voll zu versteuernde oder mit Pauschalsteuern belegte;
> 3. aus weisungsgebundenen oder selbständigen Tätigkeiten;
> 4. im Inland nachzuversteuernde oder solche, die zur inländischen Steuerprogression zählen.

Die *inländischen Steuern* werden bei festangestellten Arbeitnehmern, also solchen, die in Fest- oder Gastverträgen an Opernhäusern engagiert sind, automatisch vom Arbeitgeber einbehalten und an den Gesetzgeber abgeführt. Es sei denn, ein inländischer Gastsänger bedingt es sich aus und will seinen Obulus unbedingt selbst im Inland entrichten. Damit wird er dann aber selbständig und zahlt im Augenblick zusätzlich noch eine entsprechende Mehrwertsteuer. Der „weisungsgebundene" Zustand ist daher dem „selbständigen" steuermäßig immer vorzuziehen.

Inländische Steuern

## STEUERSITUATION IM AUSLAND

Die *steuerliche Situation im Ausland* ist bis heute nicht homogen. In den Vereinigten Staaten und auch in England müssen gastierende Sänger wie Inländer versteuern. Daher macht man dort auch eine Steuererklärung. In Österreich oder beispielsweise in Japan behält der Arbeitgeber eine Pauschale von etwa zwanzig Prozent vom gastierenden Devisenausländer ein. Und Devisenausländer ist jeder, der nicht im jeweiligen Inland wohnt, in welchem die Gastleistung erbracht wird. Mit Staatsangehörigkeiten hat dies nichts zu tun. Es sei denn, wir sind Amerikaner, dann müssen wir immer noch zusätzlich einen bestimmten Prozentsatz unserer Welteinnahmen in unsere amerikanische Staatskasse werfen – auch wenn wir gar nicht dort wohnen oder arbeiten.

Die in einigen Ländern vom ausländischen Gast einbehaltene Pauschalsteuer führt zum Beispiel bei Sängern mit Wohnsitz in Deutschland zu einer steuerlich höheren Progression auf das ganze im Inland erwirtschaftete Einkommen. Also auf alles: zum Beispiel aus der Singerei, aus Platten, Fernsehen, aber auch Vermietung, Verpachtung etc. Das heißt, die Steuern auf unsere inländischen Einnahmen werden erhöht. Im Idealfall haben wir keine deutschen Einnahmen, daher auch keine Steuerprogression und beispielsweise in Österreich und Japan nur die zwanzigprozentige Pauschale auf die dort erzielten Einkünfte zu zahlen.

Einnahmen aus den USA, der Schweiz oder Italien werden zwar schon dort versteuert, jedoch in Deutschland ein zweites Mal geschröpft. In der Praxis zahlen wir daher in den Staaten alle dortigen Inlandssteuern, führen Buch, konsultieren einen amerikanischen Steuerberater und machen eine Steuerklärung (Einnahmen, Ausgaben), um dann die ganze Prozedur zusammen mit unseren deutschen und anderen zu meldenden Einnahmen in Deutschland zu wiederholen. Aus der Differenz dieser ausländischen und der deutschen Steuer – nach Abschreibungen – wird die Nachzahlung an das deutsche Finanzamt ermittelt.

Die Schweiz und Italien verlangen keine Buchführung, ergo wird die dort entrichtete Steuer bei der deutschen Erklärung angerechnet. Haben wir in diesen Fällen kein deutsches Einkommen, so werden wir trotzdem mit der Differenz zwischen dem ausländischen Steuersatz und einem deutschen – der bisher eben weitaus höher liegt – auf unsere ausländischen Honorare in Deutschland zur Kasse gebeten.

**GASTSPIELE**

Gastieren wir an einem ausländischen Theater (weisungsgebunden) – und dieses Opernhaus geht auf Tournee in unser Wohnsitzland, so zahlen wir die jeweiligen Steuern im Ausland. Beispiel: Wenn wir in Deutschland mit erstem Wohnsitz (Steuerwohnsitz) gemeldet sind, an der Wiener Staatsoper auftreten und dieses Institut mit uns in München gastiert, dann zahlen wir die österreichische Pauschalsteuer von etwa zwanzig Prozent in Österreich, und die Bruttosumme unserer österreichischen Einkünfte tangiert lediglich den deutschen steuerlichen Progressionsvorbehalt auf unsere deutschen Einnahmen.

Würden wir aber unter den gleichen obigen Voraussetzungen an der Mailänder Scala, einer amerikanischen Bühne oder am Opernhaus in Zürich gastieren und als Gast dieser ausländischen Häuser in Deutschland auftreten, so würden wir zunächst von Italien, den USA oder der Schweiz besteuert und müßten die Differenz zwischen dortigem Steuersatz und unserem inländischen (hier deutschen) an unserem Wohnsitzfinanzamt (Deutschland) nachzahlen.

**UNKOSTEN**

In Ländern, die eine Pauschalsteuer auf unsere Einnahmen erheben, können wir keine Steuererklärung geltend machen, somit keinerlei Unkosten steuermindernd erklären oder eben abschreiben. Wird jedoch die jeweilige Inlandssteuer von unseren Gagen einbehalten, dann sind unsere anerkannten berufsbedingten Unkosten abschreibefähig, und wir legen den einzelnen Finanzämtern entsprechende Steuererklärungen vor. Mit Steuerwohnsitz in Deutschland wird dann die Summe aller Einkünfte und Ausgaben unseres Welteinkommens neu bewertet.

Steuererklärungen beinhalten Bruttoeinkünfte, bereits einbehaltene Steuern, Werbungskosten und Sonderausgaben.

Während Sonderausgaben in den meisten Fällen nur geringfügige Abschreibemöglichkeiten enthalten, können sich die Werbungskosten (die berufsbedingten Unkosten) deutlich steuermindernd auswirken.

**EINNAHMEN AUS SELBSTÄNDIGER TÄTIGKEIT**

Einkünfte aus selbständiger Arbeit werden in Deutschland nach § 18 des Einkommensteuergesetzes ermittelt. Solche Einkünfte unterliegen neben der Einkommensteuer zusätzlich einer unterschiedlich hohen Umsatzsteuer. Eine Ausnahme ist die Anerkennung von Duos, Trios etc. auf Tournee. Diese künstlerischen Erträge sind dann umsatzsteuerfrei. Die freistellenden Bescheinigungen müssen jedoch vor Beginn der Konzerte bei den Kulturbehörden der einzelnen Bundesländer beantragt werden.

> *Beispiele für Einnahmen aus selbständiger Sängertätigkeit:*
> Schallplattenaufnahmen
> Lizenzen
> Rundfunkaufnahmen
> Wiederholungshonorare
> TV- und Filmaufnahmen
> Konzerte mit Orchestern
> aber auch
> Erlöse aus Anlagenverkäufen
> Zinsgewinne, also Kapitalerträge
> Vereinnahmte Umsatzsteuer
> Gewinne aus dem Buchhandel usw.
> *Beispiele für Ausgaben (Werbungskosten):*
> Agentenprovisionen
> Übernachtungskosten
> Fahrtkosten
> Bewirtungskosten
> Mehrverpflegungsaufwand, sprich Diäten
> eventuell kleine Geschenke, die einen Geschäftsabschluß begünstigen
> Steuerberatungskosten
> Umsatzsteuervorauszahlungen
> eventuelle Vorsteuerabzüge usw.

Generell ist der inländische (deutsche) Gast an einem Opernhaus dann als selbständig zu betrachten, wenn er für seinen Auftritt keine oder nur geringfügige Probenzeiten akzeptieren muß. Der Gesetzgeber nimmt also dabei an, daß sich ein gastierender Opernsänger, ohne an Ort und Stelle zu proben, überhaupt nicht um den Dirigenten, das Orchester, die Kollegen auf der Bühne, die Inszenierung, Kostüme, Kulissen, den Chor und die Statisterie kümmern muß, sondern daß er frei und unabhängig ist in allen seinen künstlerischen Entscheidungen. Diese Regelung ist jedoch Gott sei Dank noch nicht an jedem Theater Praxis.

AUSLÄNDISCHE EINKÜNFTE
Wie ausländische Einkünfte auf die inländische Steuer angerechnet werden, wird nach den gegenseitig ratifizierten Verträgen der Länder, also unterschiedlich, gehandhabt. Auch hier wird erneut zwischen selbständig und weisungsgebunden unterschieden.

Bei ausländischen Einkünften ist es wichtig festzustellen, daß es sich um Gewinne aus weisungsgebundenen Tätigkeiten handelt. Die Mitwirkung bei Opernveranstaltungen, die entsprechend intensive Probenzeiten voraussetzen, demonstriert ein deutliches Abhängigkeitsverhältnis des gastierenden Sängers vom jeweiligen Arbeitgeber. Kann dieser Nachweis nicht erbracht werden, müssen die ausländischen Einkünfte im Inland (Deutschland) wie inländische versteuert werden. Im Ernstfall – bei Konzerten ohne lange Probenzeiten – zählt die Abhängigkeit von Auftrittsterminen, -orten und anderen Fakten und daß eine Steuer im Gastland einbehalten wird. Sind wir im Gastland steuerfrei, so werden wir an unserem Steuerwohnsitz voll zur Kasse gebeten. Als weitere Faustregel gilt: Erträge aus den sogenannten „Billigsteuerländern" Monaco, Liechtenstein, Panama etc. fallen immer noch zusätzlich dem inländischen (deutschen) Fiskus zum Opfer – es sei denn, wir wohnen in Moskau, Monte Carlo oder auf den Cayman Islands ...

## Werbungskosten

Das Thema Werbungskosten ist für gut verdienende Profisänger äußerst lukrativ und muß mit allen rechtlichen Mitteln gegen die Finanzämter aller Länder verteidigt werden. In *England* spricht man vor und verhandelt an Ort und Stelle. Die Beamten lassen sich in der Regel von vielen für dieses Gastspiel notwendigen Ausgaben überzeugen. Auch die Tax Attorneys der *Vereinigten Staaten* durchforsten das eingereichte Konvolut aus Einnahmen und gastspielbedingten Ausgaben mit Wohlwollen. Die europäischen Steuern sind unterschiedlich hoch und beispielsweise in *Österreich* und *Deutschland* geradezu „himmelschreiend". Daher empfiehlt es sich, bei jeder noch so kleinen Ausgabe über die Zuordnung zu den steuermindernden Werbungskosten nachzudenken. Fast alles kann zählen. Wir müssen dies nur glaubhaft versichern können.

Einige der wichtigsten berufsbedingten Werbungskosten sind Ausgaben für Gesangstunden zur Kontrolle und/oder Weiterbildung, auch die eventuellen Reisen oder Übernachtungen nebst Tagespauschalsätzen dazu. Die Belege – auch für die Gesangstunden – sind für die Finanzämter unverzichtbar. Übernachtungsaufwand muß im Inland nachgewiesen werden. Tagesdiäten kann man auflisten, oft jedoch genügen pauschale Angaben in Höhe der gesetzlich dafür festgelegten Summe. Derzeit wird

WICHTIG SIND GESANGSTUNDEN UND DIÄTEN

in unterschiedlichen zeitlichen Kategorien bzw. Abwesenheiten vom Wohnsitz abgerechnet. Übernachtungen im Ausland können ebenfalls über die Höchstgrenze der durch die Finanzämter errechneten Tabellen angegeben werden. Die Praxis zeigt jedoch, daß die tatsächlichen Unkosten in der Regel weit höher liegen als der entsprechende Pauschalbetrag. Daher ist es sinnvoll, die entsprechenden Hotelrechnungen vorzulegen. Und Vorsicht: alle Quittungen mit unserem Namen und unserer Anschrift!

VORBEREITUNGEN FÜR DIE AUFTRITTE

Alle *Vorbereitungen für unsere Auftritte* wie Korrepetitionsstunden zum Einstudieren oder Auffrischen einer Gesangspartie und natürlich auch die eventuellen Reisen und Übernachtungen dazu, die Autofahrten und Parkhausquittungen – überhaupt alle Ausgaben für unser ausschließlich *beruflich* genutztes *Fahrzeug:* Steuer, Versicherung, Instandhaltung, Benzin usw. – sollten sorgsam dokumentiert werden. Deshalb führen wir ein Fahrtenbuch!

Wir belegen die Finanzierung unseres Büros und/oder Studios, eventuell quadratmeteranteilmäßig an der Gesamtwohnfläche unseres Hauses oder unserer Wohnung, den Frack, die -socken, -fliege, -weste, -hosenträger und die Sicherheitsnadeln, die das beruflich getragene seidene Einstecktuch fixieren.

# Kultur und Gesang oder (Jugend-)Kriminalität?

**Kultur und Zivilisation**

In ihrer engeren Bedeutung unterscheidet sich die Kultur von der Zivilisation, weil Kultur rein geistiges Wissen verkörpert. Im Unterschied dazu könnte man die Zivilisation als die Errungenschaft des vor allem technischen Wissens qualifizieren. Auch der Universalität des Gesanges, als einem Teil der Kultur, ist das eigen, was sich in der Friedfertigkeit, Menschlichkeit und eben Mitmenschlichkeit offenbart. Die kriegerischen Auseinandersetzungen, der Terror, die Kriminalität, das menschenunwürdige Verhalten sind die negativen Antipoden unseres Kulturbegriffes, unseres friedlichen Singens.

**Der Kulturbegriff**

Unser gesamter Kulturbegriff bedeutet darüber hinaus keinesfalls nationale Abgrenzung, sondern ist nur regional gefärbt, basierend auf regionalen Bedürfnissen, Mentalitäten oder Eigenheiten.

*„Umfaßte das griechische Kunstwerk den Geist einer schönen Nation, so soll das Kunstwerk der Zukunft den Geist der freien Menschheit über alle Schranken der Nationalitäten umfassen; das nationale Wesen in ihm darf nur ein Schmuck, ein Reiz individueller Mannigfaltigkeit, nicht eine hemmende Schranke sein".*     Richard Wagner: „Die Kunst und die Revolution"

**Das Weltmosaik**

Viele kulturelle, miteinander korrespondierende Bausteine bestimmen das große, bunte Weltmosaik. Jeder Zwang zu kultureller Veränderung, jede Überrumpelung und die heute so forcierte Einheitskultur überspringen dabei komplizierte evolutionäre Ausleseverfahren, natürlich gewachsene und nur deshalb funktionierende Gesetze.

**Der Schnittpunkt**

Die Zivilisation und die Kultur finden ihre Berührungspunkte dort, wo sich Verstand und Seele oder „Herz" zusammenfinden, wo dies die allgemeinen menschlichen Verhaltensweisen im Laufe der Evolutionsgeschichte erforderlich machten. Die Künste sind das Bindeglied zwischen Zivilisation und Kultur, und diese ist die Basis für das den Menschen auszeichnende altruistische

Gefühl, welches wir Liebe nennen und das uns zu verständnisvollen, aufgeschlossenen, toleranten, mitleidsfähigen, also sozialen Zeitgenossen heranbildet. Über dieses Gefühl entsteht die notwendige Solidarität.

FALSCHE PROPHETEN  Im anderen Fall – also ohne Kultur – funktionieren wir schon nicht einmal mehr im kleinen Kreis. Individuen ebenso wie große staatliche Gemeinschaften können alle durch falsche Prophetien, durch in ein Gefühls- und Identitätsvakuum eingeschleuste künstliche, oktroyierte – auch nationalistische – Wertvorstellungen an Friedfertigkeit einbüßen.

HÖHERE WERTE  Die kulturelle Identität spiegelt sich in der Gleichwertigkeit der Lebensformen, weil sie die Züge eines übereinstimmenden Gedankengutes und Gefühlsvermögens trägt. Einheitliche Intelligenz und übereinstimmende Charakterzüge bestimmen dasselbe Kulturvorhaben. Die kulturelle Identität inkludiert die Bereitschaft, sich zu höheren Werten zu bekennen und Vollkommenes anzustreben. So bedingt sie eine Seelenverwandtschaft, eine Affinität der geistigen Werte. Sie ist die Basis des gegenseitigen Verständnisses, und über Meinungsverschiedenheit verhilft sie, friedlich eine gemeinsame Lösung der Probleme herbeizuführen. Die Kulturidentität ist ein Überbegriff analog zur Ethik oder Gerechtigkeit, zur Kultur oder ihrer Fraktion, der Kunst, ergo auch zu unserem Gesang.

DIE ABSTRAKTE GRÖSSE  Was Bildung bedeutet, ist uns vertraut, denn sie ist leichter meßbar als Kultur, die als abstrakte Größe eher Rätsel aufgibt und in rezessiven Zeiten mehr und mehr vernachlässigt wird. Doch ist erst die Kultur das, was die Menschen verbindet; denn der Mensch strebt nach Gemeinsamkeit, nach einer kulturellen Identität, und nicht nach dem, was ihn mit seinen Mitmenschen entzweit. Der Zusammenschluß einzelner Nationalstaaten, basierend auf vernünftigen ökonomischen Grundsätzen und Möglichkeiten der ungehinderten und raschen Mobilität, bringt neben großen politischen Vorteilen eventuell auch die Nachteile der langen Rückkopplungswege zwischen Zentrum und Peripherie mit sich und die Vernichtung jahrtausendealter Kulturen, die im langen Ausleseverfahren aufgrund regionaler Bedürfnisse entstanden sind.

VERANTWORTLICHKEIT  Wer kümmert sich heute um derlei kulturelle Anliegen und diesbezüglich auch um Gegenwart und Zukunft nachfolgender Generationen? In erster und nicht in letzter Linie ist es notwendig, regionale (heimatliche) wie überregionale Kulturgüter für die Allgemeinheit bereitzustellen, um die Palette der Gefühle zu erweitern. Denn emotionsmäßig ungeschulte Eltern können nur wieder ungebildete und emotionsmäßig problematische Kinder erziehen. Und Schulen versagen im Anschluß daran aus vielerlei Gründen. Sie vermitteln zwar Wissen und Können, versagen aber bei der Persönlichkeitsbildung. Die Akademie baut auf einseitige Intellektualität, auf Strebsamkeit im rein kapitalistischen Sinn und zu ungunsten der emotionalen Erziehung. Die Menschen werden immer mehr zu gefühlsmäßigen Analphabeten degradiert. Viele Verbrechen sind nachweislich Übersprungshandlungen, basierend auf emotionalen Mangelerscheinungen.

Was kriminelle Handlungen sind, führen uns die Medien ununterbrochen vor Augen. 1,2 Milliarden Mark investierte die Stadt Berlin 1996 im Kampf gegen das Verbrechen. Die Aufklärungsquote wurde dabei mit vierundvierzig Prozent beziffert. Auf der anderen Seite werden staatliche Zuwendungen für die Bildung und stärker noch für die Kultur gekürzt oder gar gestrichen. Verhalten sich etwa die Einsparungen auf dem Kultur- und Bildungssektor umgekehrt proportional zur steigenden Kriminalitätsrate? DIE KRIMINALITÄT

Bildung und Kultur gewinnen wir über das Prinzip des Lernvorgangs. Er ist für das analytische und emotionale Denken identisch. Im als Hippocampus benannten Teil unseres Hirns befinden sich Nervenzellen, deren Kontakte untereinander vermutlich durch vorausgegangene Aktivitäten, unsere Denkprozesse, verstärkt werden. Unterschiedliche Hirnregionen sind dabei mit unterschiedlichen Denkaufgaben befaßt. Wird neu zu Erlernendes oft genug aus dem Hippocampus abgerufen, dann gelangt es zur permanenten Absicherung oder Erinnerung in die Großhirnrinde. Hier wird sowohl Rationales als auch Emotionales auswendig gelernt. Die für den Transport von Informationen zuständigen Nervenzellverbindungen, die Synapsen, bleiben nach einer entsprechenden Aktivierung oft tage- oder wochenlang verstärkt. Diese Langzeitpotenzierung bewirkt eine Art Training dieser Synapsen, so daß sie anschließend selbst auf schwache Signale reagieren, das heißt ihr gespeichertes analytisches oder emotionales Wissen freigeben. Brachliegende Intelligenz nützt niemandem, im Gegenteil: Sie muß aktiviert werden, um neue Intelligenz zu schaffen. Und nur erlerntes Gefühl ist wiederum verantwortlich für den Aufbau von menschlichen DAS LERNEN

Eigenschaften. Doch allerhöchstes „High-Tech" erzeugt noch lange keine „High-Emotion". „Mitdenkende", noch so komplizierte Elektronik bleibt am Ende doch gefühllos.

*Der Kurzschluss*

Wird rationales Denken oder Handeln durch emotionales negativ beeinträchtigt oder übergangen, dann spricht der Volksmund von einem Kurzschluß, einer Handlung im Affekt. Solche Unbeherrschtheit ist Ausdruck einer emotionalen Instabilität, einer psychischen Dissonanz. Seit dem Altertum kennt man die Auswirkungen von Musik auf psychosomatische Krankheiten. Beispiele aus dem antiken Griechenland, aus dem alten China oder auch im abendländischen Denken von Mittelalter und Neuzeit belegen dies. Musik und Gesang wurden seither im Rahmen von Reformbewegungen immer wieder als bedeutsam angesehen, aber leider eben auch zur Manipulation eingesetzt und so im Nationalsozialismus und Kommunismus zu politischen Zwecken genutzt. Diese Beispiele illustrieren auf negative Weise, wie der Gedanke, daß Musik auf sozialem Gebiet erzieherisch zu wirken vermag, nicht nur im positiven Sinn verwendet, sondern auch mit Ideologien gekoppelt zu Machtzwecken mißbraucht werden kann.

*Die Resozialisierung*

Nicht jede Form von Musik bewirkt also eine positive emotionale Veränderung in uns, einen harmonisierenden Ausgleich, eine Resozialisierung sozusagen. Ostinater, das heißt gleichförmig starrer Rhythmus – siehe entsprechende Pop-, Rock- oder auch Marschmusik – wird über das verlängerte Rückgrat in unseren tieferen Hirnregionen und über den Muskeltonus wahrgenommen. Dieser konstante Rhythmus stimuliert unsere Motorik. Entsprechende Versuche ergeben gesundheitliche Besserung bei Menschen mit gestörten Bewegungsabläufen.

*Symphonie kontra Disco*

Die komplizierte Architektur von Musik mit irregulärem Rhythmus, mit sich ändernder Dynamik und Tonartwechsel – zum Beispiel von Moll zu Dur und umgekehrt – wird primär von unserem Hirnteil Thalamus registriert und über andere zerebrale Felder und Drüsen unseres Körpers weitergeleitet. Die Wirkung ist eine Fortsetzung der Ausschüttung verschiedenster Hormone wie Endorphinen usw. – über Blutabnahme meßbar –, welche eine Resozialisierung des einzelnen, also auch einen Vorteil für die große Gemeinschaft erzielen kann. So erklärt sich vielleicht auch die Verschiedenartigkeit der Gefühle während oder nach dem Besuch eines Symphoniekonzertes, eines Bierzeltes mit Blasmusik oder einer Techno-Diskothek.

Die motorische Einstellung zu jener von einem gleichförmigen Rhythmus geprägten Art von Musik, wie sie selbst noch die Nachrichten hintermalt, drängt nachweislich geistige Einflüsse in den Hintergrund. Gute Musik muß uns aufgrund ihrer Beschaffenheit durch den Zyklus der klassischen Gefühlswelt tragen, um unsere Emotionen in eine harmonische, logische Ordnung zu bringen. Wenn wir uns beispielsweise in einem Zustand von Zorn, Wut, Aggression oder Haß befinden, so muß sich unsere Stimmungslage etwa nach einem „gelungenen" Brahmsrequiem oder Violinkonzert in Richtung Mitleid, Liebe, Ehrfurcht oder Toleranz verändern.

DER ZYKLUS DER KLASSISCHEN GEFÜHLSWELT

Störungen der vegetativen Regulation – bei Aufregungen und Ärger, die das heutige Zusammenleben in verstärktem Maße mit sich bringen – können über geistig-seelische Einflüsse durch Musik dämpfend harmonisiert werden. Entsprechendes Musik-Erleben – gerade auch über den Gesang – kann also Menschen friedlich stimmen. Und der Volksmund bringt es auf den Punkt: „Da, wo man singt, da laß dich nieder, böse Menschen haben keine Lieder . . ." Gesang ist hier synonym für kulturelle Befriedigungswerte, wörtlich und zugleich stellvertretend für alle kreativen Bestrebungen, zu verstehen.

GESANG UND VEGETATIVES NERVENSYSTEM

Unkultivierte Menschen werden auch durch die beste Unterhaltung nur unterhalten, jedoch nicht kultiviert. Den emotionalen Quotienten durch kulturelle Maßnahmen zu steigern, das ist unserer Gesellschaft mit ihrem rein ökonomisch ausgerichteten Denken abhanden gekommen und wird eher mißtrauisch beäugt oder gar verlacht. Die frühkindliche Schulung der Emotionen führt jedoch zu außerordentlich positiven Ergebnissen. Da die Synapsenbildung im Hirn des Menschen in den ersten Lebensmonaten oder -jahren noch besonders aktiv ist, wird hier der Grundstein gelegt zu Mitmenschlichkeit, Toleranz, Kreativität und auch zu unserem artspezifischen Gefühl, welches wir Liebe nennen. Es wird die Basis aufgebaut für eine Friedfertigkeit durch Erfolg für das eigene Leben, für Zufriedenheit, Bescheidenheit, entgegen einem rücksichtslosen Egoismus, einem Versagen, einer Resignation und daraus resultierenden Übersprungshandlungen bis hin zur ausufernden Kriminalität, welche wir alle beklagen.

UNTERHALTUNG VS. KULTIVIERUNG

Mit der Kultivierung des jungen Menschen kann gar nicht früh genug begonnen werden. Allererste optische oder musikalische, sensuelle, also nonverbale Eindrücke bestimmen den wei-

ELTERN UND KIND

teren Verlauf des Lebens. Durch gezielte Anstöße der Eltern oder Erzieher werden Talente gebildet, wird Neugierde auf das Lernen und das Interesse an einer liebevollen Beschäftigung geweckt.

FRÜHKINDLICHE ERZIEHUNG   Beim gemeinsamen Singen lernen die Kinder aufeinander zu hören, sich zu akzeptieren und analog zum Fair play im Sport zu tolerieren. Ihr Gemeinschaftssinn wird geprägt, also ihr emotionaler Quotient bereichert. Und optimal atmende Sänger trainieren darüber hinaus ihre Lungen, den Herzmuskel, die Muskulatur des gesamten Thorax und Bauchraumes, erzielen eine bessere Durchblutung, eine günstigere Sauerstoffversorgung für das Hirn und leben daher auch gesünder und länger. Der Intelligenzquotient regelmäßig musizierender und singender Kinder erhöht sich nach einer amerikanischen Studie um vierzig bis fünfzig Prozent.

IRRATIONAL?   Vieles steht außerhalb unserer besonders heute so viel gepriesenen Ratio und ist trotzdem ganz essentiell für unser Leben. Emotional Ratlose suchen vergebliche Hilfe bei Drogen, Alkohol und in anderen schädigenden Abhängigkeiten oder nehmen Zuflucht bei Sekten und Heilslehren. Diese Menschen sind gefühlsmäßig instabil. Unaufgelöste Probleme sind wie die Dissonanzen in der Musik. Unser emotionales Bedürfnis, unser seelischer Hunger sucht daher nach Auflösung unserer Schwierigkeiten, also nach Harmonie, auch nach der Wärme einer kulturellen Identität.

DIE FORENSISCHE MEDIZIN   Der letzte Stand in der forensischen Medizin beschäftigt heute so manche Gerichte, denn viele Urteilsfindungen werden erschwert, wenn es sich erweist, daß das Elternhaus über einen Mangel an Zuneigung, Verständnis und Liebe späterem Verbrechertum (unbewußt) Vorschub geleistet hat. Die Wohlstandsgesellschaft mit ihrem Streben nach wirtschaftlichen Gütern und die übermächtige Medienwelt haben das familiäre Leben weitgehend erlahmen lassen. Der schulische Bereich beschäftigt sich mit der Bildung hinsichtlich analytischem Denken und linearem Computerwissen, die Religionen und gefühlserweiternde Kunst, Musik, Gesang spielen keine große Rolle mehr. Der Sport wurde zu teilweise sehr ungesunder Höchstleistung, und die Umgangssprache wird zusehends ausgedünnt. Wie und wann also sollen sich Menschen in welcher Form verständigen, wenn es um mehr geht als nur nur um die Befriedigung von Basisbedürfnissen?

PRÄVENTION

Das Motto kann nicht heißen: mehr Geld für die Schadensbekämpfung, sondern muß lauten: frühe kulturelle Investitionen in einen besseren Staatsbürger, in einen „zoon politikon" der Zukunft, auch durch eine vermehrte und gezielte Ausbildung seiner emotionalen Intelligenz. Die Medien, die Administrativen unserer Parteien, sind aufgerufen, diesbezügliche Denkanstöße zu multiplizieren. Wir appellieren an die Eltern, die Grundschulen, Gymnasien und auch die Universitäten, sich die Notwendigkeit emotionaler Erziehung zu vergegenwärtigen und entsprechende Lehrpläne zu erstellen, die auch unsere menschlichen Spitzenbedürfnisse ansprechen.

> *„Welkt manche Sitt' und mancher Brauch,*
> *zerfällt in Schutt, vergeht in Rauch, –*
> *Laßt ab vom Kampf!*
> *Nicht Donnerbüchs noch Pulverdampf,*
> *macht wieder dicht, was nur noch Hauch!*
> *Ehrt eure deutschen Meister."*
>
> „Die Meistersinger von Nürnberg",
> Dritter Akt, Festwiese, Faksimile
> der Reinschrift, später leider
> durch Cosima Wagner gestrichen

Und war es im Mittelalter die Kultur der Gemeinschaft sowie im letzten Jahrhundert der Zusammenschluß deutschsprachiger Ministaaten zu einem Bismarckschen deutschen Reich, so ist es heute die Musik der Welt, des Gesangs der vielen Völker auf dieser Erde, die eine multikulturelle Gesellschaft ergeben. Allerdings sollte daraus ein Mosaik aus vielen Steinen entstehen und keine einfarbige, monokulturelle falsche „Toleranzlösung" . . .
Dies ist sicherlich eine Vision, ein Traum, doch handelt er vom Singen und von positiven anderen Dingen. Von Liebe handelt er.
Und deshalb: „Seid umschlungen Millionen . . .", ganz im Sinne der neunten Symphonie von Ludwig van Beethoven und im Hinblick auf eine friedliche Welt der Zukunft.

# LITERATURVERZEICHNIS

*Aaaker, D.:* Strategisches Markt-Management, Wiesbaden, 1989
*Adler, G.:* Vorlesungen an der Universität Wien 1904, Breitkopf und Hertel, S. 25
*Adorno, T. W.:* Einleitung in die Musiksoziologie; Zwölf theoretische Vorlesungen, Reinbek, 1968
*Aristoteles,* Politik, übersetzt und herausgegeben von Gigon, O., 6. Auflage, München, 1968
*Baumol, W. J. und Bowen, W. G.:* Performing Arts: The economic dilemma. A study of problems common to theater, opera, music and dance, New York, 1966
*Bever, G. T. und Chiarello, R. J.:* Cerebral dominance in musicians and nonmusicians, Science 185, 1974
*Bierach, A.:* Wie ich mich und andere aktiviere, Hersching, 1992
*Bildingmaier, J.:* Unternehmensziele u. Unternehmensstrategien, Wiesbaden, 1973
*Blakeslee, T. R.:* Das rechte Gehirn, Freiburg, 1982
*Bontinck, I.:* Kritik der etablierten Kultur, Wien, 1977
*Bontinck, I.:* Untersuchungen über das Musiktheaterpublikum, Wien, 1981, S. 5
*Bontinck, I.:* Angebot, Repertoire und Publikum des Musiktheaters in Wien und Graz, Wien, 1985
*Borden, N. H.:* Das Konzept des Marketingmix, in: Marketing – Management und Organisation
Der große Brockhaus, Bd. 20, Wiesbaden, 1984, S. 426
*Brockhaus Wahring:* „Deutsches Wörterbuch" in „Der große Brockhaus, 18. Aufl., Bd. 19 u. 20, Wiesbaden, 1983 u. 1984
*Bucher, R.:* Das Theater einmal anders gesehen, in: Industrielle Organisation – Schweizerische Zeitschrift für Betriebswirtschaft, 24. Jahrg. 1955
*Critchley, M. und Henson, R. A.:* Music and the brain, London, 1977
*Csikszentmihalyi, M.:* „Creative Flow and the Psychology of Discovery and Intention", New York, 1996
*Das Orchester* 4/1992
*De Bono, E.:* Laterales Denken, Düsseldorf, 1989
*Der Spiegel,* 14/1997, S. 172
*Domizlaff, H.:* Die Gewinnung des öffentlichen Vertrauens, Hamburg, 1982
*Drucker, P. F.:* Die postkapitalistische Gesellschaft, Düsseldorf, 1993
*Ebert, W.:* Lernen ist Evolution, Trostberg, 1993

*Eccles, J. C. und Popper, K. R.:* Das Ich und sein Gehirn, München, Zürich, 1977

*Eccles, J. C.:* Evolution of the brain: Creation of the Self, London u. New York, 1989

*Eicke, H.-G.:* Kulturwirtschaft, in: Handwörterbuch der Betriebswirtschaft, 3. Bd., 3. Auflage, Stuttgart, 1960, Spalte 3598

*Festinger, L.:* Theorie der kognitiven Dissonanz, herausgegeben von Irle, M. und Möntmann, V., Bern – Stuttgart – Wien, 1978

*Folia Phoniatrica,* Internationale Zeitschrift für Phoniatrie, Bd. 3, Nr. 4, 1951

*Gabler, G.:* Wirtschaftslexikon, Ziel, Zielfunktionen, Bd. 6, 11. Auflage, Wiesbaden, 1984

*Gäfgen, G.:* Theorie der wirtschaftlichen Entscheidung, 3. Auflage, Tübingen, 1974

*Geller, U. und Revermann, K. H.:* Entscheidung auch fürs Risiko. Ein Gespräch über den Solisten am Theater. In: DB, 52. Jahrgang, Heft 8

*Geist, M.:* Selektive Absatzpolitik, Stuttgart, 1963

*Goethe, J. W.:* Faust I

*Goleman, D.:* Emotional intelligence, New York, 1995

*Gottsched, J. Chr.:* Beytraege zur critischen Historie der Deutschen Sprache, Poesie und Beredsamkeit, Leipzig, 1733

*Gümmer,* Erziehung der menschlichen Stimme, Kassel

*Habermann, G.:* Stimme und Sprache, Eine Einführung in ihre Physiologie und Hygiene, 2. Auflage, Stuttgart, New York, 1986

*Habermas, J.:* Strukturwandel der Öffentlichkeit, 5. Auflage, Neuwied u. Berlin, 1971

*Hahn, D. und Taylor, B.:* Strategische Unternehmungsplanung, Würzburg, 1980

*Heinen, E.:* Grundlagen betriebswirtschaftlicher Entscheidungen, 3. Auflage, Wiesbaden, 1976

*Hilger, H.:* Marketing für öffentliche Theaterbetriebe, Frankfurt, 1985, S. 66

*Hofmann, M.:* „Personalentwicklung und mittlere Lebenskrise von Mitarbeitern", Beitrag zur Festschrift zum 80. Geburtstag von Guido Fischer, Berlin, 1979

*Hofmann, M.:* „Sie können sich nicht aus der Kulturpolitik davonstehlen." In FR, 37. Jg., Nr. 261

*Holder, M.:* Musikalischer Wahrnehmungsprozeß, Topographie der hirnelektrischen Aktivität bei Musikern und Nichtmusikern, Dissertation, 1988

*Hummel, M.:* Die volkswirtschaftliche Bedeutung des Musiktheaters, 1992

*Husler, F. und Redd-Marling, Y.:* Singen – Die physische Natur des Stimmorganes, Mainz, 1965

*Husler, F. und Redd-Marling, Y.:* Das vollkommene Instrument, Stuttgart, 1970

*Jakob, H.:* Allgemeine Betriebswirtschaftslehre, Wiesbaden, 1981, 4. Auflage

*Jakoby, R.:* Zum Wandel der Musikanschauungen von der Antike bis zur Gegenwart, Göttingen, 1981

*Kant, I.:* Kritik der praktischen Vernunft, herausgegeben von Kopper, J., Stuttgart, 1984

*Keleman, St.:* Verkörperte Gefühle, München, 1992

*Kemper, H. G.:* Deutsche Lyrik der frühen Neuzeit, Bd. 1, Epochen- und Gattungsprobleme, Reformationszeit, Tübingen, 1987

*Kirsch, W.:* Einführung in die Theorie der Entscheidungsprozesse, Bd. 1, 2. Auflage

*Kleen, H.:* Wie kommt das Theater über die Grenze im Westen? in: DB, 52. Jahrgang, Heft 3

*Koppelmann, U.:* Produktmarketing, 2. Auflage, Stuttgart, 1987

*Kofler, L.:* Die Kunst des Atmens, Leipzig, 1924

*Kosiol, E.:* Die Unternehmung als wirtschaftliches Aktionszentrum, Reinbek, 1970

*Kotler, P.:* Marketing Management: Analysis, Planning and Control, Englewood Cliffs, 1980

*Kotler, P. und Armstrong, G.:* Marketing – Eine Einführung. Übersetzt a. d. Amerik. v. Linnert, P., Wien, 1988

*Kreikebaum, H.:* Strategische Unternehmensplanung, Stuttgart, 1981

*Krohne, H. W.:* in: Lexikon zur Soziologie, 2. Auflage, Oplanden, 1978

*Linnert, P.:* Die Finanzierung des Vortrags- und Auffürungswesens, Diss., Hamburg, 1964

*Linnert, P.:* Marketingmix, in Marketing- und Verkaufsleiter Handbuch, herausgegeben vom Verlag Moderne Industrie, 2. Auflage, München, 1972

*Linnert, P.:* Die neuen Techniken des Marketing, 5. Auflage, München, 1973

*Linnert, P.:* Produkt-Manager, Aufgaben und Stellung im Unternehmen, Gernsbach, 1974

*Linnert, P.:* Die ökonomische Relevanz darstellender Künstler in der Gegenwart, Festvortrag, unveröffentlichtes Manuskript, Wien, März 1988

*Maletzke, G.:* Psychologie der Massenkommunikation, Hamburg, 1963

*Martinius, J.:* Funktionelle Asymmetrie des Gehirns und Lateralität

*Meffert, H.:* Marketing, Einführung in die Absatzpolitik, 6. Auflage, Wiesbaden, 1982

*Menuhin, Y.:* Die Musik des Menschen

*Möller, H. J.:* Psychotherapeutische Aspekte in der Musikanschauung der Jahrtausende, Bonn

*Müller, J. H.:* Fragen des musikalischen Geschmacks, Köln u. Oplanden, 1963

*Münch, R.:* Die Struktur der Moderne, Grundmuster und differenzielle Gestaltung des institutionellen Aufbaus der modernen Gesellschaft, Frankfurt/M., 1984

*Nieschlag, R., Dichtl, E. und Hörschgen, H.:* Marketing, 13. Auflage, Berlin, 1983

*Parow, J:* Funktionelle Atemtherapie, Heidelberg, 1988

*Pearson, A. E.:* Eine Methode erfolgreicher Marketingplanung, in: Marketing, Management und Organisation. Hrsg. von Britt, S. H. und Boyd, H. W., Deutsche Bearbeitung, Linnert, P., München, 1971

*Pöppel, K. G.:* Das Bild des Menschen in der Wissenschaft, 1978

*Prawy, M.:* Marcel Prawy erzählt aus seinem Leben, Wien, 1996

*Raffée, H. und Wiedmann, K. P.:* Nicht-kommerzielles Marketing – ein Grenzbereich? in BFuP, 35. Jg., Heft 3, 1982

*Raffée, H., Wiedmann, K. P. und Abel, B.:* Sozio-Marketing, in: Marktpsychologie, Hrsg.: Irle, M., Bd. 2, Göttingen, 1983

*Raffée, H.:* Bedarfslenkendes Marketing öffentlicher Unternehmungen, in: ZögU, Bd. 2, Heft 2

*Raffée, H.:* Grundlagen der Marketingwissenschaft, in: WiSt, 9. Jahrgang, Heft 7

*Rauhe, H.:* Musik hilft heilen, 1993

*Rauter, E. A.:* Süddeutsche Zeitung Magazin, 1994

*Rauter, E. A.,* Süddeutsche Zeitung Magazin, 1994

*Reichling, H.:* Selbständigkeit als unternehmerisches Ziel im mittelständischen Handel, Dissertation, Saarbrücken, 1978

*Rieger, W.:* Einführung in die Privatwirtschaftslehre, 3. Auflage, Erlangen, 1964

*Ringel, E.:* Die österreichische Seele, 8. Auflage, Wien, Köln, Graz, 1968

*Ronneberger, F.:* Kommunikationspolitik, Bd. 1, Institutionen, Prozesse, Ziele, Mainz, 1978

*Rysanek, L. und Fiedler, P.:* Es ist keiner das viele Geld wert, das wir bekommen!, in: DB, 53. Jg., Heft 9

*Sachs, H.:* Der Bürger und die Politik 4, Nürnberger Forschungen, 19. Bd.

*Schäfer, K.:* Der Theaterbetrieb und seine Selbstkosten, Dissertation, Frankfurt/M., 1928

*Schanz, G.:* Grundlagen der verhaltenstheoretischen Betriebswirtschaftslehre, Tübingen, 1977

*Schierenbeck, H.:* Grundzüge der Betriebswirtschaftslehre, 8. Auflage, München, 1986

*Schlaffer, H.:* Schönheit. Über Sitten und Unsitten unserer Zeit, München, 1996

*Schmitz, U.:* „Kunstsoziologie", in: Lexikon zur Soziologie, 2. Auflage, Opladen, 1978

*Schürmann, H. G.:* „Der Investor ist der Gewinner", in: General Anzeiger, 5. 5. 1992

*Sertl, W.:* Klein- und Mittelbetriebe, ein eigenständiges Beratungsfeld, in: Hofmann, M. und Sertl, W.: Ausgewählte Probleme und Entwicklungstendenzen der Unternehmensberatung, 2. Auflage, Stuttgart, 1989

*Shemel, S. und Krasilovsky, W.:* This Business of Music, New York, 1971

*Spintge, R. und Droh, R.:* Musik in der Medizin, Physiologie des Musik-Erlebens und Organismus, Neurophysiologische Grundlagen, Berlin – Heidelberg, 1986

*Springer, S. und Deutsch, G.:* Left Brain, Right Brain, New York, 1989

*Swedner, H.:* Drei Perspektiven zum Theater: Marketing, Interaktion u. sozialer Wandel. In: KZfSS, Sonderheft 17

*Szyperski, N.:* Das Setzen von Zielen, in: Grochla, E.: Management, Düsseldorf, 1974

*Wagner, R.:* Die Meistersinger von Nürnberg, Faksimile der Reinschrift, Mainz, 1982

*Wahl-Ziegler, E.:* Theater und Orchester zwischen Marktkräften u. Marktkorrektur: Existenzprobleme u. Überlebenschancen eines Sektors aus wirtschaftstheoretischer Sicht, Göttingen, 1978

*Weber, E. W.:* Schafft die Hauptfächer ab, Bern, 1991

*Weber, E. W., Spychiger, M. und Patry J. I.:* Musik macht Schule, Essen, 1993

*Weikl, B.:* Das Bedürfnis Singen, Bonn, 1995

*Weikl, B.:* „Darstellende Künstler als Unternehmer", in: Zeitzeichen, Magazin für Regierende, Nr. 5/2, Jahrgang 1987, Wien, 1987

*Weikl, B.:* Am Anfang war kein Wort, Bonn, 1995

*Weikl, B.:* Frei erfunden, aus Oper, Politik und dazwischen, Wien – Klosterneuburg, 1996

*Weikl, B.:* Hoffentlich gelogen, aus Politik, Kultur und drumherum, Wien – Klosterneuburg, 1997

*Weisskopf, V.:* Die Jahrhundertentdeckung: Quantentheorie, Frankfurt, 1992

*Wild, J.:* Grundlagen der Unternehmensplanung, 4. Auflage, Opladen, 1982

*Willi, U.:* Phonetisches Labor Universität Zürich, Neue Zürcher Zeitung, 29. 4. 94

*Wittmann, W.:* Entscheiden unter Ungewißheit, Wiesbaden, 1975

*Wöhle, G.:* Einführung in die allgemeine Betriebswirtschaftslehre, 16. Auflage, München, 1986

*Zimbardo, P. G.:* Psychologie, 5. Ausgabe, Berlin – Heidelberg – New York, 1992

# Stichwortverzeichnis

A, bayerisches  81
A, gähnendes  81
A, Hauptformant  75
A-Position  75, 78
Abdominalatmung  49, 99
Abendverträge  134, 152
Abnahme belastender Gefühle nach Gesangstherapie  35
Agenten  120, 121, 123, 124, 126, 127, 129
Agenturbezogene Abhängigkeiten  145
Agenturen  118, 152, 154, 158
Aggression  36 f., 60
Akustische Sinneseindrücke  21
Altruismus  9, 13, 36, 37, 40, 171
Amerikanische Sänger  117 f.
Anfängervertrag  128
Angestelltenverhältnis  128, 152
Anlagen, stimmliche  83
Ansatzrohr  56, 68, 71, 79, 80, 81, 84, 86, 87, 101, 102, 105
Ansatzrohr, variables  68, 102
Antike  26 f., 134, 148
Arie antiche  87
Arien  125, 127
Atemführung, richtige  51, 53
Atemkontrolle  51
Atemluft  71, 73
Atemmuskulatur, Training der  71
Atemrhythmus  52, 70
Atemtechnik, richtige  55
Atemtraining  52, 56
Atemwege, Reizungen der  92
Athletischer Atmungstyp  63
Atmen, bewußtes  32, 55
Atmen, richtiges  32, 38, 48, 49, 66, 84
Atmen, unbewußtes  55
Atmung  45, 48, 54, 70, 71
Atmung, falsche  51, 52, 69
Aufnahme, übersteuerte  87
Aufnahmeprüfung  89, 90
Ausatmung, Bewegung zur  54
Ausatmungsluft  55, 105
Ausbildung, stimmliche  84, 118

Ausgaben für kulturelle Befriedigungswerte  11, 13, 30
Ausländische Einkünfte  166, 168 f.

Balken  17, 33
Barockzeit, Stimmideal  29
Bauchatmung  49, 53
Bauchmuskulatur  72, 73
Bedürfnispyramide nach Maslow  14
Bedürfnisse, transzendente  15
Befindlichkeit nach Gesangstherapie  34
Bekanntheitsgrad des Künstlers  147, 158 f., 160
Belcanto  78
Berufssänger  32, 88, 93, 132, 135, 137, 156
Besetzungslisten  117
Blockaden im Hirn  31, 34
Brust-Bauch-Atmung  100
Brustatmung  49
Buchführung  153, 165
Bühnenaussage, erfolgreiche  79

„Caro mio ben"  112 ff.
Charakterfach  140, 164
Clavicularatmung  49, 99
Costalatmung  49, 99

Darbietungsbereitschaft  139
Demenzen, Heilung von  31
Denken, lineares  42
Denken, messendes  57
Denken, schöpferisches  44
Denkvorgänge, analytische  16, 88
Denkvorgänge, Zuordnung zu Hirnhälften  16
Deutsches Fach  115 f.
Deutschsprachige Sänger  117 f., 140
Dirigent  127, 128
Discosound  22
Disharmonie  20
Dissonanzen  20, 74
Diversifikation  138, 140
Dreispartentheater  150

E-Musik 19
Einatmen 53, 54, 70, 99
Einkünfte aus selbständiger Arbeit 167 f.
Einsingen 106, 126
Einspringen 152
Einzelabende 152
Ektomorph 63
Elektroenzephalographie 18
Elision 96
Emotionale Aussage 82
Emotionale Bedürfnisse 9
Emotionale Bildung 9, 48
Emotionale Eindrücke 40
Emotionale Intelligenz 177
Emotionale Prozesse 33
Emotionaler Quotient 176
Emotionen 33, 39, 40, 50, 58 f., 175
Englische Sänger 117 f.
Ensembleleistung 157
Entscheidungsbaum 90, 155
Entwicklung, biologische 36
Erfolgsvoraussetzungen 131 f.
Erstickungsanfälle 70
Evolution 9, 15, 40, 42, 56, 171
Evolution der Emotionen 14
Evolution, kulturelle 9, 36
Existenzgrundlage, finanzielle 137

Fachpartien 128, 142, 143
Fachvertrag 127, 151, 154
Fachwechsel 140
Festvertrag 128, 151
Finanzierung von kulturellen Einrichtungen 11, 13
Flankenatmung 49, 53
Florentiner Camerata 94, 134
Formanten 73 f., 103
Formatio reticularis 17, 22
Frequenzen 23, 74
Frequenzkurven unterschiedlicher Hörgewohnheiten 24
Frontalhirn 17, 21
Frontallappen 17
Frühkindliche Schulung der Emotionen 175

Gagen 127, 154, 158, 163
Gähnen 68, 80, 81, 86
Gastierurlaube 151
Gastspielverträge 129
Gedächtnistraining 31

Gefühle 9, 22, 39
Gefühle, belastende 60
Gefühlswelt, Erweiterung der 46
Gefühlswelt, klassische 22, 175
Gehör, absolutes 19, 65
Gehörprüfungen 64
Gehörtraining 25
Gesang als Teil der Kultur 37
Gesang, Kontrolle des 22
Gesang, natürlicher 38
Gesang, professioneller 58, 63, 115, 120, 131
Gesanglehrer 88, 91, 96 f., 120, 143
Gesangliche Aussage 78
Gesangsarbeit 91
Gesangsausbildung 24
Gesangslinien 54
Gesangspädagogen 55, 86, 97
Gesangspartien 124
Gesangsphrasen 71
Gesangstherapie 10, 30, 35
Gesangstherapie, wissenschaftlicher Versuch 11, 33 f.
Gesangston 26, 60, 71, 73, 82
Gesangsübungen 123, 104 ff.
Gesangsunterricht 89, 132
Geschäftsverhandlungen, Einfluß der Stimme bei 47
Gesprächspausen 47
Gesundheitsförderung durch Musik 28
Gregorianik 28
Grundfrequenzvariation, Vergleich zwischen Laie und Profi 77
Grundton 73, 103
Gummiband 87, 105
Gymnastik 84 f., 98, 123, 126

Halsmuskulatur 51, 53, 69, 72, 81, 83
Haltung, richtige 67, 98
„Happy Birthday" 38, 111
Harmonie 40, 48, 52, 59 ff., 176
Harmonische Musik 23
Hauptformanten der Vokale 74
Heiserkeit 48, 51
Hippocampus 17, 173
Hirn 15 ff.
Hirnhälfte, linke 16, 26, 31
Hirnhälfte, rechte 16, 26, 33, 39
Hirnanhangdrüse 17
Hirnareale, Übersicht 17

Hirnfunktionsareale, Darstellung 17 f.
Hirnleistungen, rechtshemisphärische 37
Hirnstamm 17
Hören 21, 24, 83
Hören, Asymmetrie beim 19
Hören, bewußtes 25
Hören, italienisches 64
Hören, physiologische Grundlagen 15 ff.
Hören, regionales 23 f.
Hörinformationen, Kreuzung der 18
Hörkurve 64
Hörnerv, Myelinisierung 24
Hörschaden 74
Hörtraining 23
Hypophyse 17, 22
Hypothalamus 17, 22

Impresario 121, 124, 125, 126, 145, 158
Inhalationen 92
Inländische Einnahmen 166
Inländische Steuern 165, 166
Intelligenz, Verbesserung der 39
Interpreten, Persönlichkeit 117
Italienische Oper 115 f.
Italienische Rollen 117
Italienische Sänger 117
Italienische Sprache 116

Jogging 85

Kapazitätsauslastung 163
Karriere 154, 162
Karriere, Aufbau 123, 127, 154
Karriere, Umgang mit der 139 f.
Karriereplanung 163 f.
Kehldeckel 10
Kehlkopf 10, 31, 51, 56, 68, 70, 71, 87, 99, 101, 105
Kehlkopf, Entwicklung 56
Kehlkopf, Fehlfunktionen des 32
Kehlkopfposition 10, 56, 68, 103, 140
Kernspintomographie 18
Kerzentest 55
Kinder, Entwicklung von 43
Kindheitserfahrungen 83
Kindheitsjahre berühmter Musiker 65
Kindliche Neugierde 45
Kindlicher Nachahmungstrieb 37

Klang der menschlichen Stimme 57 f.
Klangkörper 78 f.
Klangsäule 87
Klangschönheit 105
Klangvorstellung 106
Klassische Musik 22
Klaviatur 104
Klavierbegleitung 122
Kleinhirn 17
Kognitive Prozesse, Erforschung 17
Kommunikation 10
Kommunikation, nonverbale 47
Konsonanten 79
Konzert 26, 35, 57, 58, 78, 95, 115, 126, 142
Konzertgesang 24, 132
Körperbau 63
Körperhaltung 22
Körpermuskulatur 84
Körperschwerpunkt 72
Korrepetitionsstunden 170
Korrepetitor 122, 123, 125, 126
Krächzen 51
Kreativität 16, 39, 42 ff., 57, 59
Kriminalität 39, 94, 171, 173
Kritiken 159
Kugelstoßen 85
Kultivierung des jungen Menschen 175
Kultur 41, 42, 93, 94, 171
Kultur, Schaffung von 36
Kultur, Sinn von 95
Kulturbudget 135
Kulturelle Befriedigungswerte 37, 115, 133, 175
Kulturelle Bildung 39, 41, 94
Kulturelle Identität 172
Kulturelle Investitionen 177
Kulturelle Präventivmaßnahmen 94
Kunst, aggressive 37
Künstlerbetreuung, familiäre 124
Künstlerbezogene Abhängigkeiten 144
Künstlerische Darbietung 41, 58, 93, 135
Künstlerische Leistung 131
Künstlerpromotion 117, 125, 147
Künstlertypus 44, 63
Kurzzeitgedächtnis 25, 70

Lampenfieber 31, 122, 126
Langzeitgedächtnis 25, 26, 69

Lärm  10, 20, 23
Lautbildung  71
Lehrerwechsel  120
Lehrpläne der Musikinstitute  88
Leichtathletik im Gesang  115 f.
Leistungsgrenze, darstellerische  141, 164
Lernprozesse  40
Limbisches System  17, 36, 40
Live-Darbietungen  145, 146
Lockerheit, Prüfung der  82
Long-time-potentiation  25
Luftdruck, gleichmäßiger im Unterbauch  54
Lungen  71, 72, 78
Lungenflügel  50, 53, 99
Lyrische Fächer  115 f.

Magnetoenzephalographie  18
Mandelkern  17, 36, 41
Marketing  124, 157, 160, 161 ff.
Marktgesetze  162
Marktsituation  138
Maske  87, 105
Medien  120, 147, 148, 159, 177
Medienbezogene Abhängigkeiten  147
Memorieren, stummes  126
Mesomorph  63
Minimalluftabgabe  54 f.,101
Minnesänger  129, 133, 148
Mittelalter  28
Mittellinienbereiche des Hirns, Durchblutung  20
Moderne Musik  87
Monatsverträge  152
Multikulturelle Gesellschaft  177
Mundhöhle  56, 68, 70, 79, 80, 101 f.
Mundinnenraum  51, 67, 69, 86, 103
Mundstellungen beim Sprechen  75
Musik, erzieherisches Moment  27
Musik, Kraft der  29 f.
Musik, Rezeption von  21, 22, 25
Musik-Erleben  21
Musikalität  23, 64, 65
Musikarten  22 f.
Musikberieselung  25
Musikerziehung, frühe  39
Musikleben, internationales  123
Musiktherapie  27 ff., 32
Musiktherapie in der Antike  26 f.
Musikzentrum im Hirn  19, 26

Muskelkraft  65
Muskulatur, Training der  72 f.

Nächstenliebe  9, 36
Nackenmuskulatur  69
Nase  66, 67
Näseln  51
Nationalstolz  118
Naturstimmen  38
Neokortex  39
Nervensystem, vegetatives  15
Neugeborene  23, 38, 50, 132
Nonkonformität  131
Notenbeispiele  105 ff.

Obertöne  73 f., 78, 103
Öffentlichkeitsarbeit  159
Ohr, italienisches  24
Ohr, musikalisches  24
Okzipitallappen  17
Oper  13, 24, 26, 35, 40, 57, 58, 78, 94, 95, 115, 117, 126, 132, 134, 141, 142, 150
Operetten  115
Opernhäuser  120, 127, 136, 148, 154
Opernkompositionen, deutschsprachige  115
Opernregie  79
Opernrollen  120, 157
Opernwelt, internationale  125, 116

Parietallappen  17
Partialtöne  74
Partien, kräftezehrende  121
Pauschalsteuer  166
Persönlichkeit, Entwicklung der  26
Phonasthenie  38
Phonation  79
Physische Gegebenheiten  137
Piano singen  80
Popsänger  86
Positronenemissionstomographie  18
Probenzeiten  168
Psychische Gegebenheiten  138
Psychosomatik  27 ff., 32, 31, 174
Publikum  132, 136, 141, 143, 144, 148, 162
Publikumsbezogene Abhängigkeiten  145
Publikumsgeschmack  142, 155

Quetschen  51

187

Rachenraum 68, 79
Rationalität, Vorherrschaft der 59
Renaissance 134
Rentenversicherung 120
Resonanzräume 56, 79
Resonanzvorstellungen 103 ff.
Restluft 55, 101, 71
Rhythmen, konstante 22
Rolandisches motorisches Feld 19, 26
Rollen 121, 127, 128, 140
Rollenwechsel 140
Rumpfbeugen 85
Russische Oper 117
Russische Sänger 117

Sachzwänge, finanzielle 130
Sänger, „geborene" 25
Sänger, Abhängigkeit der 135, 143
Sänger, ausgebildete 82
Sänger, freischaffende 156
Sänger, Lebenserwartung 39
Sängerberuf, Voraussetzungen 65 f.
Sängerformant 74, 76
Sauerstoffversorgung 52
Schalldruck, Vergleich zwischen Laie und Profi 76
Schallräume 79, 84, 87
Schauspielregisseure 143
Schläfenlappen 16, 17, 19, 25 f., 33
Schlucken 68
Schulteratmung 53
Schultermuskulatur 69
Schultern, Hochziehen der 69, 72
Schwerathletik im Gesang 115 f.
Schwingungen 10, 73, 103
Seashore-Test 25, 64
Seelische Veranlagung 132
Septumkerne 17, 36
Singen, falsches 72
Singen, frühes 39
Singen, Grundlagen des 51 ff.
Singen, physiologische Grundlagen 15 ff.
Singen, physische Belastung 84
Singen, richtiges 49
Singen, wortverständliches 26
Singstimme 45, 62
Solfeggio-Übungen 87
Spielpläne 115, 117, 121, 157, 144, 145
Sprachspezifische Frequenzkurve 23
Sprechen, richtiges 49

Sprechen, tonloses 47
Sprechorgane 79
Sprechstimme, überzeugende 46 ff.
Springen 85
Staatliche Vermittlung 118
Staatliche Zuwendungen für Bildung 173
Statur 63, 65
Steuerliche Situation im Ausland 166
Steuermindernde Unkosten 167
Steuerprobleme 165 ff.
Steuerwohnsitz 169
Stimmbänder 10, 38, 50, 51, 55, 68, 72, 73, 79, 84, 87, 92, 101, 115, 128
Stimmbänder, Knötchen auf den 92
Stimmbänder, Sitz der 52
Stimmbandschluß 92
Stimmbildung 83, 116
Stimme und Gestalt 58
Stimme verheizen 128
Stimme, Aufschließen der 80
Stimme, ausgebildete 73, 78
Stimme, klangvolle 87, 97
Stimme, Veränderung der 140
Stimmfächer 121
Stimmfeldmessung 62
Stimmführung, gequetschte 105
Stimmgattung 65
Stimmgebung 71, 83
Stimmklang 52, 58, 84
Stimmkraft 47
Stimmliche Fähigkeiten 62 f.
Stimmsitz 38, 47, 52, 86, 97
Stimmtraining 38, 83
Stückverträge 152
Subglottischer Druck 54, 55, 78, 101
Subventionen an kulturelle Einrichtungen 12, 30
Summenschwingung 73
Synapsen 20, 31, 173
Synchronverhalten Kehlkopf/Lunge/Zwerchfell 99

Tagesdiäten 169
Teaterbezogene Abhängigkeiten 144
Teiltöne 74
Thalamus 22, 17, 174
Ton, Entstehung eines 79
Ton, fokussierter 84
Ton, idealer 87
Ton, schriller 51
Ton, Tragfähigkeit 106

Ton, gestützter 47, 78
Tonfolgen, Nachsingen von 65
Tonliche Positionierung 51
Tonträger 142, 146, 152
Tonumfang 65
Training der Atemstütze 85
Training der Stimme, unsachgemäßes 91
Troubadours 129

Übermüdung durch zuviel Singen 92
Übungen zur Stimmbildung 106 ff.
Übungsstunde 98 ff.
Umbesetzungsproben 128
Untersuchungsmöglichkeiten zur Sängereignung 62

Veränderung der Stimmungslage nach Gesangstherapie 34
Veranlagung, individuelle 117
Vergeßlichkeit 70
Verkrampfungen 82
Vermarktungspolitik 153 ff.
Verstärkung, elektronische 78, 86
Vertrag, zeitbezogener 151
Vertragsformen 150 ff.
Vertragsgestaltung 127

Vertragsverlängerung 129
Verwertung der sängerischen Leistung 138, 143, 156
Vibration 79
Vibrato 73, 78
Vocalizzare 106, 126
Vokalausgleich 26, 75, 78, 82, 87, 102
Vokalbildung 26, 56
Vokale 79, 80, 81, 86
Vokale, Positionierung 102
Vokalisation, optimale 26
Vokallänge, Vergleich zwischen Laie und Profi 77
Vorsingen 121, 122, 125, 126, 127

Werbungskosten 152, 162, 167, 168, 169 f.
Wernicke-Sprachzentrum 19
Wettbewerbsvorteil 132
Wohnsitzland 167

Zeitbezogener Vertrag 151
Zerebrale Dominanz 33
Zielsetzungen, persönliche 138, 163
Zwerchfell 50, 53, 67, 70, 71, 84, 85, 99, 105
Zwerchfellatmung 49

# Ein spannender Streifzug durch fast ein Jahrhundert Musikgeschichte

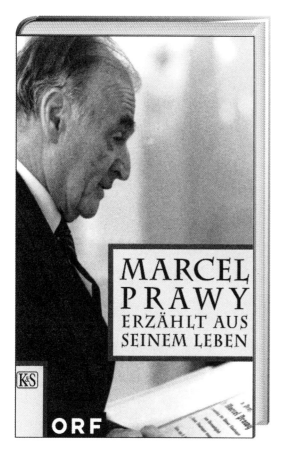

**MARCEL PRAWY**
**erzählt aus seinem Leben**
336 Seiten
16 Farbbildtafeln, SW-Fotos im Text
DM 53,80, öS 398,–, sfr 50,80
ISBN 3-218-00624-4

Marcel Prawy erzählt aus seinem bewegten Leben – eine brillant geschriebene Autobiographie des „Mr. Opera".

**Erhältlich in jeder Buchhandlung!**

# Erfolgreiches Management durch emotionale Entscheidungen

Hans Haumer
**Emotionales Kapital**
Entscheiden zwischen Vernunft
und Gefühl
224 Seiten
DM 39,80, öS 295,–, sfr 36,80
ISBN 3-7015-0393-1

Führende Persönlichkeiten geben der Rolle des Gefühls bei wichtigen Entscheidungen immer mehr Bedeutung. Diese These belegt Hans Haumer mit zahlreichen Beispielen aus der alltäglichen Managerpraxis und einer umfassenden psychologischen und sozialen Analyse.

**Erhältlich in jeder Buchhandlung!**

Orac